Petra Baur

Selbstliebe

statt

Selbstkritik

Wie du als Frau Selbstliebe
lernen und ein glückliches
Leben führen kannst

Dieses Buch ist eine Hilfe zur Selbsthilfe und ersetzt
keine professionelle psychologische Beratung

ISBN: 978-3-9825115-1-1

Für all die wunderbaren Frauen auf dieser Welt,
die ihr Leben mit mehr Selbstliebe füllen wollen.

INHALT

VORWORT

Was für eine Ehre, ein Vorwort für Petras Buch schreiben zu dürfen.

Meine Freundin Petra kenne ich nun schon seit 20 Jahren. Ich kann mich noch sehr genau an unser erstes Treffen erinnern. Wir haben uns sofort gut verstanden, sind in tiefgründige Gespräche abgetaucht und unsere Mittagspause, die wir gemeinsam verbrachten, war im Nu vorbei.

Seither haben sich unsere Wege immer wieder gekreuzt. Unsere Gespräche waren stets intensiv, weil Petra ein sehr tiefsinniger und reflektierter Mensch ist – voll emotionaler Intelligenz, mit viel Energie und Lebensfreude. Neben ihren vielen kreativen Projekten ziehen sich ihre Arbeit an sich selbst, ihre Selbsterkenntnis und die Auflösung von Blockaden, Glaubenssätzen und Verletzungen – die ja eine jede und ein jeder mit sich herumträgt – wie ein roter Faden durch ihr Leben. Dazu hat sie schon viele Seminare und Fortbildungen besucht und Weiterbildungen gemacht.

Wie oft hat sie mir den Satz gesagt: „Das habe ich auch schon aufgelöst!" Es hat gedauert, bis ich so weit war und wirklich verstand, was sie damit meinte.

Und jetzt dieses Buch. Ich sehe darin den Ausdruck dessen, was sie selbst über die Jahre an Erkenntnissen gewonnen, umgesetzt, erlebt und erlernt hat und nun weitergeben möchte. In einer ihr eigenen, disziplinierten, feinfühligen und tiefsinnigen Weise. Eine wirkliche Herzensangelegenheit. Authentisch und echt.

Ich durfte als eine der Ersten in ihr Werk hineinschnuppern und bin „geflasht“ – wenn man das in einem Vorwort so neudeutsch schreiben darf. „Geflasht“, wie sie ihre Erkenntnisse verpackt, systematisch gebündelt und in appetitlichen Häppchen serviert hat.

Mit diesem Buch ist sie wieder einmal über sich hinausgewachsen.

Ich wünsche allen Leserinnen viel Freude und neue Erkenntnisse mit diesem wunderbaren Werk.

Christine Flack, Freundin, Pädagogin, Kita-Leiterin

Erster Teil

Die Geschichte des kleinen Mädchens

Zu Beginn des Buches möchte ich dir gerne eine Geschichte erzählen. Dazu nehme ich dich mit auf eine Reise in die Vergangenheit. Stell dir vor, ich nehme dich an die Hand und wir fangen an zu schweben, immer höher und höher. Wir schweben jetzt im Weltall und du siehst eine Raumstation, die die Erde umkreist. Und weil das deine Fantasie ist, kannst du der Raumstation eine hübsche Farbe geben. Such dir selbst eine aus, schließlich ist es deine Reise." Hast du eine gefunden? Dann fliegen wir weiter, immer höher und höher. Jetzt traust du dich allein weiterzufliegen und lässt meine Hand los. Nun kommst du der Raumstation immer näher und näher. Plötzlich stehst du inmitten der Raumstation. Du siehst dich dort um, alles riecht eigenartig und dir unbekannt, das Licht ist trüb und flackert. Innen wirkt alles sehr kalt, doch dir ist trotzdem angenehm warm. Du kannst frei atmen und spürst die Luft in deinen Lungen, sie fühlt sich dünn an. Stell dir nun vor, du findest dort ein riesiges Teleskop, das auf die Erde gerichtet ist. Neugierig gehst du darauf zu und blickst hindurch, zuerst siehst du nichts außer Dunkelheit. Deshalb richtest du das Teleskop neu aus, und auch wenn du vorher noch nie ein Teleskop benutzt hast, weißt du wie von Zauberhand, wie du damit umgehen musst.

Du kannst jetzt die Umrisse der Erde erkennen. Du siehst Wolken, dunkle Schatten, viel Blau und etwas Grün und du kannst die verschiedenen Kontinente ausmachen, doch das alles interessiert dich nicht sonderlich, du nimmst es lediglich wahr. Was dich wirklich fasziniert, ist das Leuchten der Erde, das aus vielen kleinen und großen Lichtern besteht. Du justierst noch etwas nach, um klarer sehen zu können. Ein einzelnes Licht wirkt besonders, es scheint, als würde es anders leuchten als die anderen. Es zieht dich magisch an. Du stellst das Teleskop so ein, dass genau dieser eine für dich wichtige Punkt ganz klar wird. Dein Blick gleitet vorbei an den Wolken, er wandert tiefer zu einer kleinen Stadt und in dieser kleinen Stadt führt dich dein Blick zu einem hübschen Haus mit einem kleinen Garten, es könnte ein Haus sein, wie es viele gibt.

Obwohl du keine Ahnung hast, warum, ist da etwas an diesem Haus, was dich magisch anzieht. Du musst wissen, was es ist, und willst unbedingt mehr erkennen. Deshalb justierst du, um genauer sehen zu können, das Teleskop noch einmal nach. Jetzt erkennst du ein kleines Mädchen im Garten des Hauses. In diesem Moment vergisst du völlig, wo du bist. Du bist vollends fasziniert. Du siehst sein braunes, zerzaustes, lockiges Haar, seine grünen strahlenden Augen, wovon das rechte einen kleinen braunen Fleck hat, sein Blümchenkleid und seine nackten, schmutzigen Füße. Das Mädchen dürfte etwa fünf Jahre alt sein. Es läuft voller Freude im Garten umher und schlägt Purzelbäume. Seine Leichtigkeit und seine Freude stecken dich an und du fängst an zu schmunzeln. Du siehst dem Mädchen noch eine Weile beim Toben und Spielen zu. Es übt unermüdlich und mit großer Freude Purzelbäume und Handstand. Du kannst das Strahlen in seinen Augen sehen. Sie sprühen regelrecht Funken vor lauter Lebensfreude. Das Mädchen pflückt Blumen und klettert singend auf einen Apfelbaum. Fast ist es so, als ob du die Melodie seines Liedes hörst. Dabei wird dir ganz warm ums Herz und deine Laune wird immer besser, du empfindest sogar richtige Glücksgefühle. Die Leichtigkeit und die Freude, die das Mädchen versprüht, sind einfach ansteckend, sodass auch du dich frei und beschwingt fühlst.

Doch nun geschieht etwas Sonderbares. Das Bild ändert sich, das Mädchen befindet sich plötzlich im Inneren des Hauses. Du kannst durch die Wände sehen und das Mädchen mit seiner Mutter im Haus beobachten. Du fühlst dich nicht ganz wohl dabei, wie ein Eindringling, doch deine Neugierde ist größer als das aufkommende schlechte Gewissen. Du blickst weiterhin durch das Teleskop und um klarer sehen zu können, justierst du es noch etwas nach. Jetzt kannst du erkennen, wie das Mädchen mit seinen schmutzigen Füßen durch das Haus in die Küche läuft, eine Schublade aufmacht und sich ein paar Süßigkeiten herausnimmt. Du kannst seine Vorfreude an den Gesichtszügen erkennen. Die Mutter ist gerade beim Kochen, nun dreht sie sich zu ihrem kleinen Mädchen um und ihr Blick richtet sich auf die Süßigkeiten in seinen Händen. Du nimmst wahr, wie ihr Blick in Richtung der Fußspuren geht, die das Mädchen hinterlassen hat. Dein Blick wandert zwischen der Mutter und dem kleinen Mädchen hin und her.

Du bemerkst, wie sich die Gesichtszüge der Mutter verändern, du kannst Ungläubigkeit, Enttäuschung, Verärgerung und schließlich Wut von ihrem Gesicht ablesen. Fast gleichzeitig beobachtest du, wie alle Fröhlichkeit aus dem Gesicht des Mädchens verschwindet, sie weicht Erschrockenheit, Enttäuschung und Trauer. Nun nimmst du wahr, dass die Mutter etwas zu dem Kind sagt, du siehst angestrengt durch das Teleskop und atmest ganz leise, um hören zu können, was gesprochen wird. Wie durch ein Wunder kannst du jetzt alles verstehen. Die Mutter schimpft verärgert und wütend mit dem Kind: „Was hast du denn da schon wieder gemacht? Sieh mal, wie der Boden aussieht, kannst du nicht aufpassen? Deine Füße sind ganz schwarz, wieso hast du keine Schuhe angezogen? Die hättest du wenigstens draußen ausziehen können! Jetzt muss ich schon wieder wischen, wie wenn ich nicht genug Arbeit hätte. Und wie oft habe ich dir schon gesagt, dass man vor dem Essen keine Süßigkeiten isst, leg die sofort wieder zurück!"

Die Augen der Mutter werden größer und sie sagt: „Wie wenn das nicht schon genug wäre, hast du auch noch ein Loch in dein Kleid gerissen. Bist du schon wieder auf den Apfelbaum geklettert? Du bist doch kein Junge! Du bist ein Mädchen, also benimm dich wie eins!" Betroffen erkennst du, wie dem Mädchen Tränen über das Gesicht laufen und schließlich seine Miene nach und nach fast versteinert. Du blinzelst und reibst dir ungläubig deine Augen. Du fühlst dich ganz benommen von all dem, was gerade geschehen ist, und dir wird schwer ums Herz. Du musst schlucken und stehst einige Augenblicke einfach nur regungslos da.

Dann schüttelst du den Kopf und um festzustellen, ob das alles gerade echt war, was du gesehen hast, greifst du wieder nach dem Teleskop und blickst erneut hindurch. Doch jetzt siehst du nicht mehr das gleiche Bild wie gerade eben. Du erkennst zwar den Garten, aber er sieht verändert aus. Einige Pflanzen wirken größer als vorhin. Kann das wirklich sein? Dein Blick schweift fragend und suchend umher und du entdeckst das kleine Mädchen. Doch du bist dir nicht sicher, ob es wirklich das Mädchen ist, das du gerade beobachtet hast. Was ist geschehen? Irritiert schaust du auf das Mädchen. Das Mädchen, das du jetzt siehst, müsste circa sieben Jahre alt sein. Es sitzt auf einer Schaukel und wiegt leicht hin und her. Du kannst seine braunen Haare erkennen, die Locken zu einem adretten Pferdeschwanz gebunden. Das Mädchen trägt hübsche Riemchenschuhe und ein ähnliches Kleid wie gerade eben. Doch dieses Kleid sieht im Gegensatz zu dem von vorhin wie frisch gebügelt aus. Du bist dir nicht ganz sicher, ob das wirklich das gleiche fröhliche, gut gelaunte Mädchen ist. Denn das Mädchen, das du jetzt siehst, wirkt ganz anders als jenes, das du zuvor beobachtet hast. Du stellst das Teleskop genauer ein, um ein schärferes Bild zu bekommen. Da kannst du seine grünen Augen erkennen, und in dem Moment, wo du den braunen Fleck im grünen rechten Auge wahrnimmst, weißt du es: Es ist das Mädchen von vorhin, auch wenn es in den paar Minuten, in denen du nicht durchs Teleskop gesehen hast, gut zwei Jahre älter geworden ist.

Trotzdem kannst du es nicht ganz glauben, denn das Leuchten in seinen Augen und seine Fröhlichkeit, die dich vorher sofort angesteckt und gut gelaunt gemacht haben, sind wie vom Erdboden verschluckt. Wie gebannt siehst du dem Mädchen einige Zeit zu, aber es geschieht nichts weiter, es sitzt auf der Schaukel und wiegt leicht hin und her. Es wirkt nett und freundlich. Aber es sieht gelangweilt aus. Irgendwie ist alles anders als vorher, wie kann das nur sein? Es ist dasselbe Mädchen, zumindest sieht es gleich aus. Doch die Lebensfreude, die du zuvor erkannt hast, ist völlig verschwunden. Die Leichtigkeit und die Freiheit, die dich sofort angesteckt und begeistert haben, sind nicht mehr wiederzufinden. Völlig verwirrt und enttäuscht trittst du vom Fernrohr zurück.

Schließe jetzt kurz deine Augen und spüre in dich hinein: Wie fühlst du dich nach dieser imaginären Reise?

Beantworte dir nun selbst die folgenden Fragen:

- Was hat die Geschichte mit dir gemacht?
- Welche Gedanken hat sie in dir ausgelöst?
- Welche Gefühle und Emotionen hat sie in dir ausgelöst?
- Wo im Körper hast du diese Gefühle am meisten gespürt?
- Welche Stellen der Geschichte haben dich an deine eigene Kindheit erinnert? Vielleicht gibt es Verbindungen dazu oder andere Ereignisse, die in dir wach geworden sind.

Kannst du dich an eine oder mehrere Begebenheiten in deinem Leben erinnern, die so oder so ähnlich abgelaufen sind? Erlebnisse, in denen du von außen eingeschränkt wurdest? Erlebnisse, in denen du dich als falsch empfunden hast? Erlebnisse, in denen du anders sein solltest, als du wolltest, anders, als es dir entsprach? Konntest du dich so entwickeln, wie es für dich stimmig war und sich richtig anfühlte? Wie oft konntest du dich frei entscheiden? Gab es Zeiten, in denen du gegen dich selbst und dein Herz gehandelt hast?

Die Geschichte des kleinen Mädchens ist nur eine Geschichte von vielen, es ist ein kleiner Ausschnitt, der zeigt, aus welchen Gründen wir möglicherweise aufgehört haben, wir selbst zu sein, uns selbst verleumdet oder verloren haben. Durch solche Geschichten und Erfahrungen können Spuren in uns zurückbleiben, die das Gefühl in uns hinterlassen, nicht gut genug zu sein. Aber wie können wir uns selbst lieben, wenn wir uns für nicht gut genug halten?

Immer wieder haben wir durch solche Erlebnisse unbewusst Teile von uns abgeschnitten und tief in unserem Inneren vergraben und versteckt. Wir haben gelernt, uns anzupassen, um die Liebe und Anerkennung zu bekommen, die für uns als Kind so wichtig war. Schließlich waren wir als Kind von dem Wohlwollen unserer Umgebung abhängig. Viele hoffen sogar heute noch, dass niemand ihre angebliche Unvollkommenheit entdeckt, sie geben sich deshalb viel Mühe, diese auf verschiedenste Art und Weise zu verbergen.

Unsere Umwelt

Jeder Mensch wird in eine bestimmte Gesellschaft hineingeboren und nach deren Normen und Werten erzogen. Diese bestimmen, was als richtig und falsch angesehen wird. Bestimmte Leitlinien bilden die Voraussetzung für ein funktionierendes Zusammenleben in einer Gesellschaft. Wenn jemand die Normen und Werte einer Gesellschaft nicht akzeptiert, erfährt er oder sie meist verschiedene Sanktionen und wird eventuell zum Außenseiter oder zur Außenseiterin. Dies ist in vielen Bereichen sinnvoll. Schließlich geht es dabei auch um schwere Vergehen wie zum Beispiel Mord. Oft sind aber langjährige, über viele Generationen hinweg beibehaltene Muster bei der Kindererziehung schon lange nicht mehr sinnvoll beziehungsweise wissen wir inzwischen, was für negative Konsequenzen manche Erziehungsmethoden mit sich bringen können. Konsequenzen, die viele Menschen oft ein Leben lang zu tragen haben, weil sie häufig keinen Weg finden, sich von ihnen zu lösen. Eine dieser Konsequenzen kann mangelnde Selbstliebe sein.

Zu den Normen und Werten der Gesellschaft, in die wir hineingeboren wurden, kamen die Normen, Werte und Glaubenssätze unserer Eltern, der Familie, unserer Erzieherinnen und Erzieher, unserer Lehrerinnen und Lehrer und unserer Umwelt im Allgemeinen. Sie haben uns durch ihr Vorbild, durch ihr Handeln, aber auch durch ihre Kritik und ihr Lob zu dem Menschen erzogen, der wir oft heute noch sind. Man weiß heute, dass uns die frühe Kindheit unser ganzes Leben lang prägt, dass hier die Weichen für unsere Entwicklung und unser späteres Leben gestellt werden. Wir sind praktisch das Ergebnis unserer Vorbilder, ihrer Handlungen und Glaubenssätze. Das heißt, die Art und Weise, wie unsere Vorbilder gelebt und gehandelt haben, und die Erfahrungen, die wir in unserer Kindheit gemacht haben, sind sehr entscheidend für unsere späteren Handlungskompetenzen. Sie entscheiden darüber, ob wir mutig auf Neues zu gehen oder eher ängstlich zögern. Sie entscheiden darüber, ob wir uns für liebevoll halten und somit fürsorglich mit uns selbst umgehen oder ob wir meinen, immer etwas leisten zu müssen, um geliebt zu werden. Sie entscheiden darüber welches Rollenbild wir glauben als Frau leben zu müssen. Sie entscheiden, ob wir uns trauen, Nein zu sagen und anderen Grenzen zu setzen, oder ob wir das Gefühl haben, es anderen immer recht machen zu müssen, und wir deren Grenzüberschreitung uns gegenüber vielleicht sogar noch verteidigen.

Die Erfahrungen in der Kindheit entscheiden, wie wir mit Fehlern und Schwächen umgehen, ob wir uns ständig Vorwürfe machen, wenn uns ein Fehler unterlaufen ist, und uns gedanklich selbst zerfleischen oder ob wir gelernt haben, Fehler als nichts anderes als eine Erfahrung wahrzunehmen, in der wir erkannt haben, wie es nicht funktioniert. Wenn wir gelernt hätten, dass es dazugehört, Fehler zu machen, und diese uns vielleicht nur zeigen, wie es nicht geht oder dass wir noch etwas Übung brauchen, und diese angeblichen Fehler lediglich dazu beitragen, dass wir uns weiterentwickeln, was würden wir uns dann nicht alles zutrauen? Hätten wir gelernt, dass Fehler nichts Schlimmes oder Schlechtes sind, wären wir nicht in unserer Komfortzone und in unserer kleinen Welt eingesperrt. So hätten wir womöglich den Glauben, immer perfekt sein zu müssen, gar nicht erst erlernt. Möglicherweise hätten wir schon in jungen Jahren erfahren können, uns als Ganzes anzunehmen – mit all unseren Stärken und vermeintlichen Schwächen. So hätten wir schon früh die Einsicht gewinnen können, dass wir bereits liebenswert sind.

Leider gibt es viele Frauen, die ihre Begeisterung für etwas zum Teil oder ganz verloren haben. Vielen wurde gesagt, was sie tun und nicht tun sollen. Ihnen wurde gesagt, wie sie als Mädchen und Frauen zu sein haben. Ihnen wurde oft durch ihre Vorbilder beigebracht, dass sie sich aufopferungsvoll um ihre Familie oder andere Menschen zu kümmern haben. Ihnen wurde gesagt, sie sollen sich selbst nicht so wichtig nehmen und nicht so egoistisch sein. Dadurch haben sie gelernt, Wünsche nicht zu äußern, sie haben gelernt, sich anzupassen, sie haben gelernt, ihre Trauer nicht mehr zu zeigen, und vor allem haben Frauen oft gelernt, dass es nicht in Ordnung ist, Wut zu zeigen. Wenn Frauen Wut zeigen, wird das oft schnell als Hysterie abgetan.

Es kann auch sein, dass uns vermittelt wurde, dass die Welt ein gefährlicher Ort ist. Die Erfahrungen in der Kindheit entscheiden, ob wir Vertrauen in andere Menschen und das Leben haben oder jedem und allen misstrauen. Vielleicht haben wir uns zurechtstutzen oder -biegen lassen, um nicht anzuecken und geliebt zu werden oder um nicht aufzufallen. Vielleicht haben wir in der Schule gelernt, dass wir nur etwas wert sind, wenn wir gute Noten schreiben. Oft haben wir unsere Begeisterung verloren, weil wir die Welt nicht so entdecken und erkunden konnten, wie es uns entsprach. Häufig wurden wir beschnitten, in unseren Gedanken, unseren Handlungen und unseren Bedürfnissen.

Aufgrund der verschiedensten Umstände wurden unsere Bedürfnisse oft nicht gesehen und mit der Zeit lernten wir so, einige oder mehrere dieser Bedürfnisse selbst zu ignorieren. Dieses Ignorieren führte oftmals dazu, dass wir uns Schritt für Schritt von uns selbst entfernten, häufig sogar so weit, dass wir jetzt selbst nicht mehr wissen, wer wir eigentlich sind. In vielen Fällen haben wir unsere eigenen Wünsche so gut verdrängt, dass wir sie vergessen und tief in uns vergraben haben. Es kann sogar sein, dass wir meinen, die Erwartungen, die von außen an uns herangetragen wurden, seien unsere eigenen. So lernten wir, uns anzupassen und das Leben der anderen zu führen. Dadurch spielen wir heute häufig nur noch eine Rolle, fühlen und freudlos und merken, dass irgendetwas nicht stimmt. Wenn wir uns leer und unzufrieden fühlen, wird es Zeit, uns wieder unseren eigenen Bedürfnissen zuzuwenden und diese ernst zu nehmen. Es wird Zeit, uns nicht mehr von der Anerkennung von außen abhängig zu machen, es wird Zeit, uns selbst anzunehmen, es wird Zeit, uns selbst die Liebe zu schenken, die wir brauchen.

Vielleicht gehörst du aber auch zu jenen Frauen, die rebellisch waren, die sich zur Wehr setzten und alles anders machten, als von ihnen erwartet wurde, nur um ja nicht so zu sein wie die Eltern oder andere nahestehende Menschen. Vielleicht hattest du grüne Haare, um aufzufallen oder dich abzugrenzen, vielleicht hast du deutlich gezeigt, was dir nicht passt, und es absichtlich anders gemacht. Vielleicht hättest du auch gerne Lob erhalten, es aber nicht bekommen. Vielleicht hast du nur alles anders gemacht, um aufzufallen und so ein wenig Aufmerksamkeit zu bekommen. Wahrscheinlich hast du sie durch deine Rebellion auch bekommen, denn negative Aufmerksamkeit ist immer noch besser als gar keine. Sich zu wehren, ist gesünder, als alles über sich ergehen zu lassen. Allerdings verbirgt sich auch hier die Gefahr, dass du nicht dein authentisches Selbst lebst. Auch du hast womöglich deine wirklichen Wünsche vergraben. Dein Programm, gegen alles zu sein, lässt dir auch keinen wirklichen Entscheidungsfreiraum, da es sein kann, dass du damit auch Dinge ausgeschlossen hast, die dir eigentlich entsprechen.

Ein Teil meiner eigenen Geschichte

Auch ich steckte früher in einem Dilemma, ich wurde so erzogen, dass Widerrede nicht erlaubt war. Das heißt, wenn ich anders über etwas dachte oder etwas anders haben wollte oder noch einmal nachfragte, ob ich etwas nicht doch machen durfte, war dies nicht erwünscht und ich wurde ermahnt. Es wurde zu so etwas wie einem ungeschriebenen Gesetz. Auf diese Weise wurde ich dazu erzogen, dass meine Wünsche und Bedürfnisse nicht besonders wichtig waren und ich mich zu benehmen hatte. Das führte dazu, dass ich meist auch dann nichts sagte, wenn jemand gegen mich beziehungsweise gegen meine Bedürfnisse handelte. Wie sollte ich auch für mich einstehen können, wenn ich nichts sagen oder tun durfte? Ich lernte weiter mich anzupassen und traute mich meine Meinung nicht zu sagen. So war ich als Kind, Jugendliche und auch noch als junge Erwachsene schüchtern und zurückhaltend und in Gesprächen oft nur eine stille Zuhörerin. Dennoch kannte ich zu dieser Zeit auch meinen Standpunkt, doch der war nur in meinen Gedanken. Auch Ungerechtigkeiten hätte ich oft leicht entkräften können. Aber dazu hätte ich als Kind lernen müssen, wichtig zu sein, dies zu dürfen und erfahren müssen, dass auch meine Meinung, meine Gefühle und meine Bedürfnisse zählen und ich diese vertreten und zu ihnen stehen darf. Dass ich mich so gefühlt habe, bedeutet nicht, dass ich meinen Eltern nicht wichtig war, nur das Erziehungsziel von damals, dass Mädchen brav und angepasst zu sein haben, war nicht förderlich für mein Selbstbewusstsein.

Ich bin auch heute meist noch eher der ruhige Typ, doch ich weiß, welche Wünsche und Bedürfnisse ich habe und was ich will, kann meinen Standpunkt vertreten, setze mich für mich ein und bei Bedarf durch. Ohne diese Fähigkeiten hätte ich wohl niemals anfangen können, als Kita-Leiterin zu arbeiten, was Teamsitzungen, Personalführung, Elternabende und öffentliche Reden beinhaltet. Dann gibt es da noch etwas, was ich kann: stundelang ratschen, diskutieren und philosophieren. Inzwischen habe ich ein sehr gutes Selbstbewusstsein entwickelt und ich bin zudem im Allgemeinen ein sehr resilienter Mensch, mich wirft so schnell nichts aus der Bahn. Ebenso mache ich mittlerweile vieles, was ich liebe, und erfülle mir immer wieder einmal den ein oder anderen Wunsch.

Meine Schüchternheit und Zurückhaltung habe ich Schritt für Schritt überwunden. Das heißt, Änderung ist möglich, es ist nichts in Stein gemeißelt. Auch du hast die Fähigkeiten, Dinge und Begebenheiten, die dich belasten und dir nicht guttun, zu ändern. Selbst dann, wenn manches bisweilen ein längerer Prozess ist. Es gibt aber auch viele Kleinigkeiten, die du sofort tun kannst und die im Gesamten oft eine große Änderung zum Positiven herbeiführen.

„Wir haben immer die Möglichkeit, uns weiterzuentwickeln und uns und die Dinge nach und nach so zu ändern, dass wir uns wohl in unserem Leben fühlen."

Es ist mir wichtig zu erwähnen, dass ich keinem einzigen Elternteil Vorwürfe machen möchte. Ich bin mir sicher, dass alle Eltern stets das Beste für ihre Kinder tun und sich für ihre Kinder auch nur das Allerbeste wünschen. Eltern möchten in der Regel, dass es ihren

Kindern besser geht als ihnen selbst, und sie tun alle sehr viel dafür. Doch können alle nur das geben, was sie selbst in sich tragen. Meist geben sie es so weiter, wie sie es selbst gelernt haben. Dies beinhaltet natürlich auch sehr viel Gutes. Wenn sie aber zum Beispiel selbst gelernt haben, dass es wichtig ist, was andere von einem denken und man deshalb so handeln muss, dass andere mit einem zufrieden sind, obwohl es ihnen selbst nicht gut damit geht, dann haben sie gelernt, gegen sich selbst zu handeln. Und dieses Muster übertragen sie unbewusst auf ihre Kinder.

Falls du selbst Mutter bist, mach dir keine Vorwürfe, ich bin mir sicher, dass du zu jeder Zeit dein Bestes gegeben hast. Doch dadurch, dass wir aufmerksamer werden, in Bezug auf uns selbst und darauf, wie wir mit anderen umgehen, können wir viel für das Wohlergehen und für die Entwicklung der Selbstliebe von uns, unseren Kindern und auch von anderen tun.

Trotz all der genannten Schwierigkeiten gab es in meiner Kindheit auch viel Positives, etwa das gemeinsame Kochen mit meiner Oma, das Plätzchenbacken mit meiner Mutter, unseren schönen Garten mit dem vielen Obst und Gemüse, meinen Kletterapfelbaum, unsere Katzen, Hasen und Hunde sowie die vielen künstlerischen Tätigkeiten, die bei uns zu Hause stattfanden. Ebenso konnte ich mit meinen Freundinnen und Freunden viel in der Natur unterwegs sein. Ich bin meinen Eltern sehr dankbar dafür, was sie für mich getan haben.

Wenn du an deine Kindheit zurückdenkst, fallen auch dir bestimmt viele positive Gegebenheiten und schöne Erlebnisse ein. liegen wir weiter. Erlebnisse, an die du gerne zurückdenkst. Diese schönen Erlebnisse sind es, die unser Herz erfüllen und unsere Seele berühren, an sie sollten wir öfter denken. Um genauer darzustellen, wie wichtig solch positive Gegebenheiten und schöne Erlebnisse sowie ein liebevoller Umgang mit sich selbst und anderen ist, möchte ich dir im nächsten Kapitel die Geschichte des kleinen Mädchens anders erzählen.

Eine andere Geschichte des kleinen Mädchens

Was wäre, wenn der Teil der Geschichte, der im Haus spielt, anders gewesen wäre? Wie hätte diese Episode verlaufen können, wenn die Mutter in ihrem Gleichgewicht wäre, sich selbst nicht gestresst fühlen, sondern vollkommen in sich ruhen würde? Wenn ihr Wunsch nach einem aufgeräumten und ordentlichen Zuhause nicht gerade in dem Moment zerstört worden wäre, wo sie vielleicht nicht viel Energie hatte? Oder wenn sie selbst in ihrer Kindheit schon andere, wohlwollendere Erfahrungen hätte machen dürfen? Was wäre, wenn das Verhalten ihrer Tochter bei ihr als Kind bejaht worden wäre? Was wäre, wenn das Mädchen nicht mit schmutzigen Füßen durch das Haus gelaufen wäre? Welche andere Möglichkeit der Geschichte gibt es noch?

Um diesen Fragen auf den Grund zu gehen, wirf noch einmal einen Blick durchs Teleskop.

Stell dir noch einmal vor, du befindest dich wieder in der Raumstation mit der hübschen Farbe. Du stehst vor dem Teleskop und wagst einen erneuten Blick. Du siehst hindurch und merkst, dass die Zeit wieder zurückgedreht ist, du siehst das Mädchen in der Küche. Jetzt kannst du erkennen, wie das Mädchen mit seinen schmutzigen Füßen durchs Haus in die Küche läuft, eine Schublade aufmacht und sich ein paar Süßigkeiten herausnimmt. Du kannst wieder die Vorfreude an seinen Gesichtszügen erkennen. Die Mutter dreht sich zu ihrem kleinen Mädchen um und ihr Blick richtet sich zu den Süßigkeiten in seinen Händen. Du nimmst wahr, wie sie in Richtung der Fußspuren sieht, die das Mädchen hinterlassen hat. Dein Blick wandert zwischen der Mutter und dem kleinen Mädchen hin und her.

Du bemerkst, wie sich die Gesichtszüge der Mutter verändern, du kannst ihre Verärgerung erkennen. Fast gleichzeitig beobachtest du, wie sich der Blick des Mädchens senkt. Doch das ist nur ein kurzer Moment. Nun nimmst du wahr, wie die Gesichtszüge der Mutter in dem Moment weich werden, in dem sie den gesenkten Kopf ihrer Tochter wahrnimmt, und du siehst, wie sie ihre Tochter jetzt liebevoll ansieht. Nun nimmst du wahr, dass die Mutter etwas zu dem Mädchen sagt, du siehst angestrengt durch das Teleskop und atmest nun ganz leise, um hören zu können, was da gesprochen wird. Wie durch ein Wunder kannst du jetzt alles verstehen. Die Mutter sagt zu ihrer Tochter: „Da hat wohl jemand Hunger auf Süßigkeiten? Du weißt, eigentlich ist es mir lieber, dass du die als Nachtisch isst, und das Essen ist bald fertig. Aber ich glaube, deine Lust auf Süßigkeiten ist gerade sehr groß, deshalb möchte ich dir einen Vorschlag machen. Du kannst dir eine dieser Süßigkeiten für jetzt als Vorspeise aussuchen und die anderen gibt es als Nachtisch." Das Mädchen nickt zurückhaltend und lächelt leicht. Die Mutter sagt noch etwas zu ihrem Mädchen und du hörst gespannt zu. „Und nun zu deinen Abenteuerfüßen, du hast wohl so viel Spaß beim Spielen gehabt, dass du beim Reinkommen vollkommen übersehen hast, deine Abenteuerfüße sauber zu machen, geh doch bitte und mach sie sauber und danach wischst du bitte deine Abenteuerfußspuren weg. Ich mache in der Zwischenzeit das Abendessen fertig. Wenn wir essen, kannst du mir dann von deinen Abenteuern erzählen."

Zu dem zerrissenen Kleid sagt die Mutter nichts. Hat sie es dieses Mal nicht wahrgenommen? Plötzlich ist es so, als könntest du die Mutter nicht nur sprechen, sondern auch denken hören. „Jetzt hat sie schon wieder ein Kleid zerrissen, ich glaube, ich sollte ihr zum Klettern ein paar Hosen kaufen, sonst sind bald alle ihre hübschen Kleider kaputt, oder ich mache mit ihr eines ihrer Kleider zu einem Abenteuerkleid, das hat dann eben lauter Flicken. Den Boden werde ich wohl nachwischen müssen, vielleicht schaffe ich es aber auch, es mit der Ordnung mal nicht so genau zu nehmen." Du schaust, horchst und wartest noch ein bisschen, doch jetzt hörst du nichts mehr. Stattdessen siehst du das kleine Mädchen mit den zerzausten braunen Locken und den grünen strahlenden Augen in seinem Blümchenkleid vor dem Haus auf einer Bank sitzen. Genüsslich und zufrieden lutscht es an der Süßigkeit und seine Füße stecken in einem Eimer voller Wasser und plantschen darin.

Du musst blinzeln und reibst dir deine Augen. Als du wieder durchs Teleskop siehst, ist plötzlich alles dunkel und du kannst nichts mehr erkennen. Aber das Bild, das vor deinem inneren Auge bestehen bleibt, ist das Mädchen mit den zerzausten Locken, das gemütlich auf einer Bank an einer Süßigkeit lutscht, während seine Füße in einem Eimer voll Wasser baumeln.

Was glaubst du, könntest du entdecken, wenn du jetzt noch einmal durch das Teleskop blickst und das Mädchen zwei Jahre älter ist? Lies nicht sofort weiter, sondern nimm dir einen Augenblick Zeit, um dir die Szene vor dem inneren Auge in deinen eigenen Bildern vorzustellen.

Jetzt blickst du erneut durchs Teleskop, du siehst ein etwa siebenjähriges Mädchen mit braunem, lockigem Haar. Es läuft, mit seinen nackten schmutzigen Füßen, voller Freude im Garten umher und schlägt Purzelbäume, macht Handstand und Saltos. Ihre Leichtigkeit und ihre Freude stecken dich an und du fängst an zu schmunzeln. Du siehst dem Mädchen noch eine Weile beim Toben und Spielen zu. Es übt unermüdlich und mit großer Freude Purzelbäume, Handstand und Saltos. Du kannst das Strahlen in seinen Augen sehen. Diese sprühen regelrecht Funken vor lauter Lebensfreude. Das Mädchen pflückt Blumen, klettert singend auf einen Apfelbaum und oben angekommen steigt es in sein Baumhaus. Fast ist es so, als ob du die Melodie seines Liedes hören könntest. Dabei wird dir ganz warm ums Herz und deine Laune wird immer besser. Die Leichtigkeit und die Freiheit, die das Mädchen versprüht, sind einfach ansteckend, du fühlst dich frei und beschwingt und du empfindest gerade richtige Glücksgefühle.

Was denkst du, wie könnte sich das weitere Leben dieses Mädchens entwickelt haben, wenn sich seine Kindheit überwiegend so abgespielt hätte wie in dieser Geschichte? Wenn es stets gesehen, wertgeschätzt und ernst genommen worden wäre?

Meine Gedanken dazu

In einer Umgebung, in der das Mädchen gelernt hat, dass mit schmutzigen Füßen ins Haus zu gehen, nichts Schlimmes ist, und es sich deshalb nicht zurückgestoßen, verletzt, traurig oder falsch fühlt, sondern dass dies etwas ist, was mit Leichtigkeit aus der Welt zu schaffen war, dass dies etwas ist, wofür es eine Lösung gibt und das nicht seine Person als Ganzes in Frage stellt, hat das Mädchen sicherlich nicht gelernt, sich wegen angeblicher Fehler oder Dinge, die es nicht gut kann oder eventuell nicht gleich „richtig" macht, selbst zu verurteilen und schlechtzumachen.

Wenn das Mädchen in so einer Umgebung aufgewachsen ist, wird es sich bestimmt auch als erwachsene Frau selbst wertschätzen, anerkennen und lieben, da diese Frau bereits als Mädchen gelernt hat, dass sie mitsamt ihren „Schwächen" in Ordnung ist und sie nichts leisten muss, um geliebt zu werden. Mit ziemlicher Sicherheit geht sie achtsam mit sich um und nimmt ihre eigenen Bedürfnisse weiter wahr und ernst. Sie lässt sich ihr Leben gewiss nicht nur von außen diktieren. Sie wird nicht das Leben der anderen leben, sondern ihr eigenes. weil sie gelernt hat, dass sie selbst auch wichtig ist. Ich glaube, dass es ihr möglich ist, sich selbst zu lieben, und dazu muss sie nicht perfekt sein.

Diese zwei Geschichten sind natürlich zwei extreme Gegensätze. Natürlich ist für die Entwicklung unseres Selbstwertes und unserer Selbstliebe nicht nur ein belastendes, unerfreuliches oder ein bereicherndes, erfreuliches Erlebnis verantwortlich. Doch die Geschichte des kleinen Mädchens zeigt, welchen Unterschied es machen kann, wie wir aufgewachsen sind und was wir in unserer Kindheit erlebt haben.

Natürlich ist keine von uns in einer perfekten Blase aufgewachsen. Unsere Eltern, andere Bezugspersonen und unser weiteres Umfeld haben nicht immer so gehandelt, dass es stets zu unserem Besten war. Sie haben sich so verhalten, wie sie es selbst gelernt haben. Zudem hatten sie vielleicht viel Arbeit, eigene Probleme oder einen anstrengenden Tag. Bestimmt handelten sie nicht immer vorwurfsvoll, sondern auch liebevoll und fürsorglich. Zudem ist es evolutionär bedingt und obendrein oft angelernt, fehlerorientiert zu denken und dem mehr Aufmerksamkeit zu geben. Daher ist es mir wichtig, nochmals zu erwähnen, dass es hier keine Schuldigen gibt.

Jetzt sind wir erwachsen, deshalb halte ich es für besonders wichtig, die Schuld für die Dinge, mit denen wir im Leben nicht zufrieden sind, nicht bei anderen zu suchen. Die Geschichte des Mädchens sollte lediglich zeigen, warum sich vieles so entwickelt hat und warum es sein kann, dass du dich in dem ein oder anderen Punkt nicht ganz glücklich, nicht gut genug oder ungeliebt fühlen kannst und dass das alles nichts mit deiner wirklichen Person zu tun hat, sondern mit den Erfahrungen in deiner Kindheit und den oft gleichbleibenden weiteren Erfahrungen, die wir im Leben machen.

Wenn wir jetzt bei allem, was uns nicht gelingt und wo wir uns nicht wohlfühlen, einen Schuldigen bzw. eine Schuldige oder eine Ursache in unserer Umgebung oder in unserer Kindheit suchen, ohne die Verantwortung für uns selbst zu übernehmen, machen wir uns damit nur zum Opfer. Dies wird uns in der gegenwärtigen Situation nicht weiterhelfen. Deshalb ist es sinnvoller, mehr auf unsere Gegenwart zu achten und das, was wir jetzt selbst tun können, um unsere Situation zum Besseren zu wenden. Durch den Fokus auf die gegenwärtige Situation haben wir es selbst in der Hand, unser Leben so zu gestalten, dass wir uns wohlfühlen. Wenn wir aber unserer Vergangenheit oder anderen die Schuld geben, machen wir sie für unser Leid oder unsere mangelnde Selbstliebe verantwortlich. In der Regel hoffen wir dann ständig auf eine Lösung von außen, das heißt, die Umwelt und die anderen sollen sich ändern, damit es uns gut geht und wir geliebt werden.

Wollen wir unser Glück und unsere Eigenliebe wirklich in die Hände anderer legen? Ist es nicht viel sinnvoller, selbst dafür zu sorgen? Ich finde es wichtig, dass wir uns bewusst machen, dass wir jetzt erwachsen sind und es jetzt an uns liegt, wie wir mit uns umgehen. Es liegt an uns selbst, wie liebevoll und wertschätzend wir uns behandeln. Es liegt an uns, ob wir negative Muster weiterführen. Wir selbst können uns die Liebe und Aufmerksamkeit geben, die wir so dringend benötigen. Aber wenn das alles so einfach wäre, gäbe es keine Bücher wie dieses. Wenn das alles so einfach wäre, hätten wir alle unseren Ballast schon längst über Bord geworfen. Wenn das alles so einfach wäre, würden wir uns alle uneingeschränkt selbst lieben. Wenn das alles so einfach wäre, wäre die Welt ein friedlicherer Ort. Wenn das alles so einfach wäre, würden die Menschen achtsamer, wertschätzender und liebevoller miteinander umgehen.

„Finde deinen eigenen Weg, behandle dich selbst liebevoll und wertschätzend und glaube an dich."

Du kannst einen Unterschied machen, indem du dich und andere liebevoll und wertschätzend behandelst. Gerne möchte ich dich auf deinem Weg zur Selbstliebe unterstützen und dich ein kleines Stück begleiten. Mit diesem Buch wünsche ich mir, dich zu inspirieren, deine eigenen Bedürfnisse wieder besser wahrzunehmen. Des Weiteren möchte ich dich dazu ermutigen, deinen wirklichen Wünschen nachzugehen. Dabei möchte ich dich dazu anregen, auch deine ungelebten Anteile zu betrachten. Vor allem aber wünsche ich dir, dass du glücklich bist, dass du Freude am Leben empfindest, dein Leben genießt und es dir möglich ist, dich selbst zu lieben.

„Nimm deine eigenen Wünsche, Bedürfnisse und Träume wahr und dann gehe mutig los und erfülle sie dir."

Definitionen von Selbstliebe

Die DAK Gesundheit beschreibt Selbstliebe folgendermaßen:

Selbstliebe ist die Fähigkeit, sich selbst mit allen Stärken und Schwächen anzunehmen und die eigene Persönlichkeit wertzuschätzen. Die Liebe zu sich selbst ist weder zu verwechseln mit Egoismus noch hat sie etwas mit übersteigerter Eitelkeit zu tun. Selbstliebe bedeutet, auf sich selbst und die eigenen Bedürfnisse Rücksicht zu nehmen, für sich zu sorgen und liebevoll mit sich selbst umzugehen."

Die Definition von Wikipedia lautet:

„Selbstliebe, auch Eigenliebe, bezeichnet die allumfassende Annahme seiner selbst in Form einer uneingeschränkten Liebe zu sich selbst. Der Begriff ist sinnverwandt, jedoch nicht vollständig synonym, mit Begriffen wie Selbstannahme, Selbstachtung, Selbstzuwendung, Selbstvertrauen und Selbstwert."

Meine Interpretation von Selbstliebe:

Selbstliebe bedeutet für mich, mich so zu lieben, wie ich bin, meine Wünsche, Bedürfnisse und Gefühle ernst zu nehmen, mich mit all meinen Stärken und Schwächen, Ecken und Kanten anzunehmen und unabhängig zu sein von der Liebe anderer sowie einen fürsorglichen Umgang mit mir selbst zu pflegen und mich gut zu behandeln. Wenn ich mich selbst liebe, erkenne ich mich selbst vollkommen an und nutze meine Erfahrungen, um mich weiterzuentwickeln. Dass ich mich selbst liebe, merke ich daran, dass ich mich erfüllt, glücklich und zufrieden fühle.

„Je mehr Jahre vergehen, umso mehr weiß ich, dass ich es mir erlauben darf, mein Leben so zu gestalten, wie es mir entspricht und mich glücklich macht."

Was ist Selbstliebe?

- Selbstliebe ist, dich selbst wertzuschätzen.
- Selbstliebe ist, dir selbst liebevoll zu begegnen.
- Selbstliebe ist, dich gut um deine eigenen Bedürfnisse zu kümmern.
- Selbstliebe ist, bedingungslos Ja zu dir selbst zu sagen.
- Selbstliebe ist, dich selbst zu achten.
- Selbstliebe ist, dich selbst zu erkennen.

Deine Definition von Selbstliebe:

Überlege dir, was du selbst unter Selbstliebe verstehst. Tue dies, indem du herausfindest, was es benötigt, damit du dich geliebt und glücklich fühlst. Nimm dir einen Augenblick Zeit und gehe in dich. Denke darüber nach und finde deine eigene Definition. Dies ist ein sehr wichtiger Schritt, den du nicht überspringen solltest. Denn nur wenn du selbst weißt, was du brauchst, um geliebt zu werden, bist du in der Lage, die dafür nötigen Umstände zu schaffen und dir die Liebe, die du zum Glücklichsein benötigst, selbst zu geben. Achte dabei auf eine positive Formulierung. Das bedeutet, nicht das aufzuschreiben, was nicht sein soll. Falls dir solche Sätze einfallen, wende sie ins Positive. Eine negative Formulierung eines Satzes könnte zum Beispiel sein: „Ich möchte von meinem Chef nicht immer beschimpft und niedergemacht werden.“ Die positive Wandlung des Satzes lautet: „Ich möchte wertschätzend und freundlich von meinem Chef behandelt werden.“ Oder: „Ich möchte mich nicht mehr ständig selbst beschimpfen.“ Schreibe stattdessen lieber: „Ich spreche wertschätzend und liebevoll mit mir.“

Die nachfolgenden Fragen können dir dabei helfen, deine eigene Definition zu finden:

- Wie soll dein Alltag aussehen?
- Welche Wünsche möchtest du dir gerne erfüllen?
- Wie möchtest du von anderen Menschen behandelt werden?
- Wie möchtest du dich selbst behandeln?
- Wie möchtest du mit dir sprechen?
- Was benötigst du, damit sich dein Leben erfüllter anfühlt?
- Welche Bedürfnisse müssen erfüllt sein?

„Glücklich sein heißt auch, sich selbst zu mögen, so wie man ist.“

Unbekannt

Vorteile gesunder Selbstliebe

Wer sich selbst liebt, achtet seine eigenen Wünsche und Bedürfnisse stärker. Dadurch ist man in der Lage, sich selbst ernst zu nehmen und freundlicher mit sich umzugehen. So ist Selbstliebe ein Schlüssel zu einem glücklicheren und zufriedeneren Leben.

Selbstliebe lässt dich besser mit dir umgehen:

Wenn du dich selbst liebst, wirst du mit dir selbst wertschätzender umgehen. Du wirst deine Wünsche und Bedürfnisse ernst nehmen und diese achten. Du wirst dich selbst besser behandeln und öfter Nein zu Dingen sagen, die dir nicht guttun. Du wirst liebevoller mit deinen Schwächen und gemachten Fehlern umgehen. Du wirst mehr darauf achten, es auch dir recht zu machen, und du wirst dich besser um dich selbst kümmern und aufhören, deine eigenen Bedürfnisse immer hintanzustellen.

Selbstliebe hat eine positive Wirkung nach außen:

Wenn du dich selbst wirklich und uneingeschränkt liebst und mit all deinem So-sein annimmst, bist und zeigst du dich authentischer. So bist du im Reinen mit dir. Du wirst dich nicht mehr verbiegen oder verstellen, nur um anderen zu gefallen oder von ihnen angenommen und gemocht zu werden. Dadurch wirst du die Erfahrung machen, dass auch dein Umfeld anders auf dich reagiert. Sie nehmen dich als starke Persönlichkeit wahr, weil du nicht um Liebe heischst. Du wirst in der Regel auch von ihnen mehr Achtung, Anerkennung und Respekt erfahren. Zudem wirkst du attraktiver, denn dass du mit dir selbst im Reinen bist, strahlt auch nach außen.

Selbstliebe stärkt deine emotionale Stabilität:

Wenn du dich selbst liebst, fühlst du dich zufriedener, emotional ausgeglichener und glücklicher. Du selbst bist es, die deinen Wert anerkennt. So hast du es nicht mehr nötig, im Außen nach Liebe, Zuwendung und Aufmerksamkeit zu suchen. Du kannst die Anerkennung anderer sehr wohl trotzdem genießen, doch benötigst du, um dich richtig und in Ordnung zu fühlen, nicht mehr die Bestätigung anderer Menschen. Dadurch, dass du weniger Erwartungen an dein Umfeld hast, wirst du dich auch nicht mehr so schnell enttäuscht, traurig oder nicht gesehen fühlen, wenn du von außen einmal keine Anerkennung bekommst.

Selbstliebe schenkt dir mehr Mut:

Wenn du dich selbst liebst, verlierst du die Angst vor Veränderungen. Du triffst Entscheidungen leichter und traust dich, da du mehr Vertrauen ins Leben hast, mutiger auf Neues zuzugehen. Du traust dich eher aus deiner Komfortzone heraus und schaffst es, dein Leben so zu gestalten, dass es dich glücklich macht.

Weitere Vorteile gesunder Selbstliebe:

- Selbstliebe schenkt dir ein glücklicheres und zufriedeneres Leben.
- Selbstliebe gibt dir Selbstvertrauen.
- Selbstliebe schenkt dir mehr Lebensfreude.
- Selbstliebe gibt dir innere Stärke.

- Selbstliebe macht dich selbstbewusst.
- Selbstliebe erfüllt dir Wünsche.
- Selbstliebe schenkt dir emotionale Stabilität.
- Selbstliebe befähigt dich, dir deine Wünsche zu erfüllen.
- Selbstliebe stärkt dich dabei, Nein zu sagen.
- Selbstliebe ermöglicht dir eigenverantwortliches Handeln.
- Selbstliebe macht dich attraktiver für andere.
- Selbstliebe hilft, deine emotionalen Wunden zu heilen.
- Selbstliebe hilft dir dabei, deine eigenen Entscheidungen wertzuschätzen.
- Selbstliebe schenkt dir mehr Lebensenergie.
- Selbstliebe schenkt dir mehr Leichtigkeit im Leben.
- Selbstliebe reduziert deinen Stress.

„Mach dich selbst glücklich,
indem du dir deine Liebe schenkst."

Anzeichen fehlender Selbstliebe

Sicher erzeugt es ein angenehmes und schönes Gefühl, wenn wir uns von unserer Umwelt akzeptiert, angenommen, geliebt und verstanden fühlen. Doch wenn wir, nur um die äußere Harmonie aufrechtzuerhalten, gegen unsere eigenen Bedürfnisse handeln oder Eingeständnisse machen, die uns selbst nicht guttun, spätestens dann sollten wir hellhörig werden. Hierbei sollte sich jede Einzelne von uns die Frage stellen: Bin das wirklich ich selbst, die vom Umfeld angenommen und akzeptiert wird, oder ist es vielmehr das Bild von mir, das ich nach außen repräsentieren möchte, das angenommen und akzeptiert wird? Wenn wir ein Bild von uns nach außen repräsentieren, das nicht unserem authentischen Ich entspricht, kann das anfangs den von uns gewünschten Erfolg haben. Doch mit der Zeit wird sich das Gefühl in uns breitmachen, dass etwas nicht stimmt, dass irgendetwas fehlt. Mit der Zeit merken wir, dass wir uns selbst dabei immer mehr verloren haben.

Frauen mit geringem Selbstwertgefühl überlegen oft ständig, was andere von ihnen denken, und versuchen stets so zu handeln, dass andere mit ihnen zufrieden sind. Oft überbewerten sie die Meinung anderer und stellen diese über ihre eigene. Selbst dann, wenn sie selbst überzeugt von der eigenen Meinung sind, tun sie diese häufig nicht kund. Sie fühlen sich als Opfer und verbiegen sich, um geliebt zu werden. So stehen sie ständig im Kampf mit sich selbst – im Kampf mit den eigenen Bedürfnissen, die immer wieder unterdrückt werden müssen, um von außen geliebt zu werden, und mit den eigenen Wünschen, die nach Erfüllung rufen.

„Wie oft respektierst du deine eigenen Wünsche?“

Wenn wir selbst uns nicht die Liebe geben, die wir benötigen, und uns selbst nicht akzeptieren und achten, uns stattdessen selbst kritisieren und kleinmachen, benötigen wir Liebe und Anerkennung von außen. Wir erwarten so, dass unser Umfeld unsere Bedürfnisse erfüllt. Bekommen wir unsere Bedürfniserfüllung von anderen und die von uns erwartete Liebe im Außen nicht, verstärkt sich unsere Unzufriedenheit und wir sind unglücklich, traurig und ungeliebt und können sogar in Depressionen verfallen. So fühlen wir uns als Opfer der Umstände, geben dann oft den anderen die Schuld dafür und beschimpfen und kritisieren sie. Doch wenn wir den anderen die Schuld geben, geben wir ihnen auch die Macht. Die Macht über uns. Die Macht über unser Leben, unser Glück und Unglück.

Leiden wir an einem Mangel an Selbstliebe, gibt es daran nichts Positives, nichts Gutes. Es bietet keinerlei Vorteile, sich selbst nicht zu lieben. Was es aber tut: Es macht uns unser Leben schwer. Aufgrund der fehlenden Selbstliebe fühlen wir uns unzulänglich, unglücklich, einsam, wütend und traurig. Wir nehmen Kritik dann meist sehr persönlich und überbewerten negative Erfahrungen häufig. Unsere Gedanken kreisen vielfach nur noch um uns selbst oder um die schlimme, böse Umwelt. So merken wir häufig nicht, dass wir uns in einem gedanklichen Hamsterrad befinden. Unser Leben und unsere Beziehung zu uns selbst ist durch mangelnde Selbstliebe meist negativ geprägt.

*„Sich mit sich selbst wohlzufühlen,
ist die Grundvoraussetzung für ein glückliches und
zufriedenes Leben.“*

Weitere Anzeichen fehlender Selbstliebe:

- Du beschimpfst und kritisierst dich ständig selbst.
- Du fühlst dich schnell angegriffen.
- Du kümmerst dich schlecht um dich.
- Du hast öfter das Gefühl, nicht gut genug zu sein.
- Du glaubst, immer perfekt sein zu müssen.
- Du nimmst deine Bedürfnisse nicht ernst.
- Du forderst Liebe von anderen Menschen.
- Du machst andere für deine Unzufriedenheit verantwortlich.
- Du fragst dich ständig, was andere von dir denken.
- Du lässt dich schlecht behandeln.
- Du möchtest es immer allen recht machen.
- Du sagst immer Ja, wenn du eigentlich Nein sagen möchtest.
- Du fühlst dich oft niedergeschlagen und traurig.

Kintsugi

Kintsugi ist eine traditionell japanische Kunst, um zerbrochene Keramik wieder zu reparieren. Wörtlich übersetzt bedeutet Kintsugi „mit Gold reparieren". Der Kunsthandwerker mischt dem Urushi-Lack oder der Urushi-Kittmasse pulverisiertes Gold, Silber oder Platin bei. Die Scherben der Keramik werden mit dem wertvollen Urushi-Lack zusammengeklebt und fehlende Stellen mit der Urushi-Kittmasse ergänzt. Dies ist eine sehr aufwendige Reparatur. Das Besondere bei dieser Technik ist, dass hier nicht versucht wird, den alten, originalen Zustand der Keramik wiederherzustellen. Die Reparatur soll den Bruch nicht verbergen, sie soll vielmehr den Makel betonen und herausstellen. So entsteht aus Zerbrochenem etwas wunderschönes Authentisches, mit einem eigenen besonderen Charakter, das somit durch seine Reparatur wertvoller ist als je zuvor. Das Wunderbare daran ist, dass jede zusammengefügte Keramik einzigartig ist. Jedes Kintsugi-Objekt strahlt somit Heilung und Individualität aus. Es verkörpert die Kraft und die Schönheit im Unperfekten. Dies soll zeigen, dass ein Bruch nichts Schlimmes oder gar das Ende ist. Vielmehr geht es darum, dass mit viel Liebe, Geduld und Aufmerksamkeit aus Unvollkommenheit etwas Einzigartiges entsteht. Somit ist es keine Keramik mehr, wie es viele gibt. Es ist kein makelloser Gegenstand mehr, der nach kurzem Hinsehen alles preisgibt, erst die Risse, die Abnutzungsspuren, das Herausstechen der Makel, die mit Gold hervorgehoben werden, machen ihn außergewöhnlich und wertvoller als zuvor.

„Wenn wir die Schönheit im Unvollkommenen entdecken, können wir wahrnehmen, dass gerade die angebliche Unvollkommenheit es ist, die die Dinge perfekt und vollkommen erscheinen lassen."

Die Philosophie des Kintsugi übertragen auf unser Leben

Hier möchte ich die Philosophie des Kintsugi auf unser Leben übertragen. In der westlichen Welt wird Schönheit meist als Perfektion verstanden. Wir streben oft nach höher, weiter und besser. In der Werbung und anderen Medien wird uns suggeriert, was wir alles benötigen, was wir alles brauchen und was wir alles tun müssen, um ein glückliches und erfülltes Leben zu führen. Es wird uns auch immer wieder vor Augen geführt, dass wir noch nicht perfekt und liebenswert genug sind, denn um dies zu sein, benötigen wir erst ein Produkt, um dann dem vorgestellten Ideal zu entsprechen. Zu all dem kommen die Erfahrungen, die wir als Kind und auch später in unserem Leben gesammelt haben, hinzu. Deshalb versuchen viele Frauen, allen Ansprüchen von außen gerecht zu werden, sie geben sich Mühe, die perfekte Partnerin, Mutter, Freundin, Arbeitskollegin, Chefin und Angestellte zu sein, die stets gut gelaunt und perfekt gestylt ist und alles im Griff hat. So haben sich viele von sich selbst entfernt und leben teilweise nicht das Leben, das sie sich wünschen. Viele leben deshalb mit falschen Kompromissen, sie haben sich angepasst, um es allen recht zu machen, nur einer machen sie es manchmal nicht recht, sich selbst. Außerdem sind manche Frauen sehr bestrebt darin, viele Charakterzüge, Verhaltensweisen oder Wünsche und Bedürfnisse zu unterdrücken, von denen sie gelernt haben oder glauben, dass diese nicht angebracht sind.

Vielleicht denkst du jetzt, es kann doch nicht jede machen, was sie will, und da gebe ich dir recht. Für ein funktionierendes Zusammenleben benötigt es natürlich Regeln. Diese Regeln sollten zum Schutz des Einzelnen vorhanden sein und zu einem umsichtigen Handeln im Miteinander führen. Doch wir sollten genau hinsehen und überlegen, welche Regeln, Normen und Werte wirklich notwendig sind. Wir sollten genau darauf achten, welche Glaubenssätze wir erlernt haben und wie sie unser Leben bestimmen. Macht uns das, was wir erlernt haben, zu einem ganzen, authentischen und glücklichen Menschen? Fühlen wir uns damit wohl in unserer Haut oder gibt es Anteile, die wir verstecken? Verletzungen, die wir nicht zeigen? Wünsche und Bedürfnisse, die wir uns dadurch nicht erfüllen?

Solange du mit all dem glücklich und zufrieden bist, musst du dir diese Fragen nicht stellen. Doch vielleicht herrscht gerade Chaos in deinem Leben oder du hast eine Erfahrung gemacht, die dir sehr zu schaffen macht. Vielleicht hast du Ängste oder unerfüllte Bedürfnisse. Vielleicht hast du das Gefühl, dass dir etwas fehlt. Vielleicht denkst du, war das jetzt alles? Vielleicht fühlst du dich aber einfach „nur" nicht ausreichend geliebt. In diesem Fall ist es wichtig, dir solche Fragen zu stellen, sie können dir dabei helfen, Klarheit zu schaffen und alles wieder zusammenzufügen und dadurch zu einem authentischen Ganzen zu werden.

Es kann sein, dass wir versuchen, „Zerbrochenes" zu verstecken. Wir geben nicht zu, verletzt worden zu sein, und verstecken unsere Tränen und unsere Trauer. Wir sind wütend, weil uns Unrecht angetan worden ist, und schlucken den Ärger hinunter. Es kann aber auch sein, dass wir unsere eigene Unsicherheit oder Unzufriedenheit dadurch verstecken, dass wir andere angreifen und schlechtmachen. Indem wir nörgeln und jammern und anderen die Schuld geben. Es kann aber auch sein, dass wir durch das Gefühl, nicht gut genug zu sein, zum Perfektionismus neigen.

Wir haben gelernt, nicht alles von uns zu offenbaren. Deshalb verstecken wir unsere angebliche Unvollkommenheit, indem wir Seiten an uns, die wir nicht für gut genug halten oder für die wir uns schämen, nicht zeigen. Oft zeigen wir sie aber auch nicht, weil es andere nicht als gut empfinden und wir gut ankommen oder es allen recht machen wollen. Oder einfach, weil wir es so gelernt haben.

Denke einmal zurück an die Geschichte das Mädchens, das schon so früh gelernt hat, dass das, was ihm Freude bereitet, nicht in Ordnung ist. Was ist es bei dir? Was bedrückt dich? Was versteckst du? Womit bist du nicht zufrieden?

Es ist Teil des Lebens, unangenehme Erfahrungen zu machen. Es ist Teil des Lebens, einmal krank zu sein, unter Stress zu leiden, enttäuscht zu werden oder einfach nur das Essen zu versauen. Wichtig sollte es nicht sein, Perfektion zu finden und „Zerbrochenes" zu verstecken, sondern einen guten Umgang mit Brüchen, Fehlern und unserer Unvollkommenheit zu pflegen. Kintsugi kann uns zeigen, wie wir uns mit allem, was wir sind, annehmen und lieben können und somit echt und authentisch zu sein.

Du bist einzigartig und nur mit all deinen „zerbrochenen Teilen" ergibst du ein vollkommenes Ganzes. Du darfst aufhören, deine „Narben", deine angebliche Unvollkommenheit, deine Enttäuschungen, deine unerfüllten Bedürfnisse oder deine verlorenen Wünsche zu verstecken. Fang an, deine Einzigartigkeit zu zeigen, indem du dich auf den Weg machst, dich mit all deinem So-sein vollkommen zu akzeptieren. Erst, wenn du dich mit all deinen „zerbrochenen Teilen" annimmst, bist du bei dir selbst angekommen. Dann bist du bei wahrer Selbstliebe angekommen.

„Dein Reichtum an Erfahrungen sind deine wertvollsten Ressourcen."

Lass dich von der Kraft des Kintsugi anstecken und werde heil. Gib dir dazu die Zeit, die du benötigst. Wichtig ist nur, dich auf den Weg zu machen. Auch die Kintsugi-Reparatur geht nicht von heute auf morgen. Es ist eine Reparatur, die viel Zeit, Geduld, Aufmerksamkeit und Muße erfordert. Sei bereit, auch dir selbst Geduld, Zeit und Aufmerksamkeit zu schenken. Kümmere dich gut um dich. Sei offen dabei, dich auf eine Reise zu dir selbst einzulassen, und genieße und achte deinen Weg. Sei entschlossen zu wachsen. Achte dabei besonders darauf, nicht eine von dir perfekte Vision herstellen zu wollen oder irgendein früheres Ich. Füge Neues und Altes zusammen und denke dabei insbesondere an deine Bedürfnisse. Fang an, dich wichtig zu nehmen, und füge all die Dinge und Begebenheiten, die du gerne in deinem Leben hättest, liebevoll in dein Kintsugi-Puzzle mit ein.

„Häufig sind unsere vermeintlichen Schwächen unsere kostbarsten Fähigkeiten und im wahrsten Sinne des Wortes Gold wert."

Schattenseiten annehmen

In diesem Kapitel möchte ich dir zeigen, wie es möglich ist, die in Kintsugi erwähnten zerbrochenen Teile und all deine vermeintliche Unvollkommenheit anzunehmen. Wie du es schaffen kannst, deine Verletzungen, deine verborgenen Wünsche und Bedürfnisse anzunehmen und in dein Leben zu integrieren.

Hier möchte ich dich noch einmal an die erste Geschichte des kleinen Mädchens erinnern. Das Mädchen, das fröhlich und gut gelaunt herumtollte. Kannst du dich noch daran erinnern, wie du ein singendes, purzelbaumschlagendes, kletterndes Mädchen beobachtet hast und dich von seiner Fröhlichkeit hast anstecken lassen? Kannst du dich auch daran erinnern, wie sich das Bild plötzlich änderte, und du das Mädchen mit seiner Mutter im Haus beobachten konntest, weißt du noch, wie die Mutter reagiert hat, kannst du dir noch einmal den Gesichtsausdruck des kleinen Mädchens vergegenwärtigen? Den Moment, als all seine Freude aus seinem Gesicht verschwand und du stattdessen seine Tränen sahst? Weißt du noch, was du dabei gefühlt hast? Du warst ganz benommen, dir wurde es schwer ums Herz und du musstest schlucken.

Halte hier kurz inne und denk noch einmal darüber nach, welche weiteren Gefühle in dir dazu noch hochkamen oder jetzt gerade hochkommen.

Was ist geschehen, als du wieder durchs Teleskop sahst und das Mädchen circa zwei Jahre älter war? Kannst du dich noch daran erinnern, dass du dir nicht mehr sicher warst, ob das das gleiche Mädchen war, weil es so vollkommen verändert wirkte? Die Fröhlichkeit und das Leuchten in seinen Augen waren vollkommen verschwunden. Die Begeisterung, die du zuerst wahrgenommen hast, war wie weggefegt. Das kleine Mädchen hat seine Fröhlichkeit, seine Begeisterung, sein Leuchten und sein Brennen für eine Sache und das dabei vorhandene Glücksgefühl verdrängt und weggesperrt. Was wird das Mädchen wohl als erwachsene Frau damit gemacht haben, wenn seine Kindheit weiter so verlaufen ist? Sie wird diese Gefühle mit ziemlicher Sicherheit tief in sich vergraben haben. Und somit sind diese Gefühle zu einem Schattenteil in ihr geworden. Zudem ist es möglich, dass sie auch die Traurigkeit darüber, ihre Träume nicht leben zu dürfen, unterdrückt hat. Somit bleiben vielleicht nur eine nagende Unzufriedenheit oder sogar eine gewisse Abgestumpftheit und Freudlosigkeit im bewussten Erleben übrig.

Was meinst du dazu? Würdest du sagen, dass Fröhlichkeit, Begeisterung und Freude etwas Negatives sind? Sind es nicht vielmehr Fähigkeiten, die das Leben leichter, lebenswerter und glücklicher machen? Sind es nicht vielmehr Charakterzüge, die enorm bereichernd sind?

„Tue Dinge, die deine Augen zum Leuchten bringen."

Meine Definition von Schattenseiten

Schattenseiten sind Persönlichkeitsanteile, die nicht offen gelebt werden. Es sind die Wesensanteile in uns, die wir verdrängt haben. Ebenso werden ungelöste Konflikte in den Schattenbereich gedrängt, diese wollen wir, weil sie unerwünschte Emotionen in uns auslösen und häufig mit Scham verbunden sind, nicht spüren. Dies ist im Laufe unseres Lebens unbewusst, aber auch bewusst geschehen. Wir haben gelernt, uns anzupassen, und haben all das weggesperrt und unterdrückt, was von unserer Umgebung und später auch von uns selbst unerwünscht war.

Dies geschah zum großen Teil aus einem inneren Schutzmechanismus heraus, schließlich sind wir alle soziale Wesen und benötigen, besonders als Kind, die Anerkennung, die Liebe und den Schutz unserer Eltern. Diesen Schutz vor Zurückweisung und dem Gefühl nicht dazuzugehören oder nicht richtig zu sein, haben wir auch in unserem weiteren Leben immer wieder gesucht.

Umso mehr Erlebnisse und Erfahrungen wir gemacht haben, in denen wir mit unseren jeweiligen Persönlichkeitsanteilen abgelehnt, kritisiert, ignoriert oder gar bestraft wurden, desto mehr Wesensanteile haben wir bewusst oder unbewusst abgespalten. Selbst als Erwachsene wollen wir diese Eigenschaften nicht akzeptieren. Durch dieses Verleugnen kommt nur ein Teil unserer Persönlichkeit zu Tage. Aufgrund dieser Erfahrungen glauben wir, anderen nur unsere vermeintliche

Schokoladenseite zeigen zu dürfen. Wir denken, nur so werden wir anerkannt und geliebt. Wir haben es schließlich so gelernt.

Im Falle des kleinen Mädchens in der ersten Geschichte ist es seine Fröhlichkeit und Begeisterung. Ich bin mir sicher, dass die meisten denken, dass dies keine negativen Eigenschaften sind und es sehr traurig ist, diese nicht zu leben. Doch wie gehen wir wirklich mit großer Begeisterung um, was denken wir, wenn wir am Zebrastreifen gegenüber jemanden sehen, der singt und tanzt, während er darauf wartet, über die Straße gehen zu können? Was machen wir, wenn wir im Bus sitzen und jemand einen anhaltenden Lachanfall bekommt? Wie reagieren wir, wenn jemand an der langen Schlange an der Kasse steht und ein breites Grinsen im Gesicht hat und vollkommen glücklich wirkt? Was finden wir natürlicher: Wenn jemand am Montag mit Freude aufsteht und sagt: „Oh, wie wunderbar, ein neuer Arbeitstag“, oder wenn jemand müde aufsteht und sagt: „Ich muss schon zur Arbeit, das Wochenende war einfach zu kurz“?

Empfinden wir wirklich in jeder Situation Fröhlichkeit und Begeisterung positiv oder ist es nicht vielmehr so, dass das in manchen Situationen befremdlich auf uns wirkt? Auch hier hat jede für sich gelernt, wann Fröhlichkeit und Begeisterung angebracht sind und wann nicht. Wenn wir uns dies bewusst machen, können wir bemerken, dass wir nicht nur Verhaltensweisen und Persönlichkeitsanteile, die im Allgemeinen als negativ betrachtet werden, als schlecht befinden und somit versuchen, diese aus unserem Leben auszuschließen, sondern auch augenscheinlich positive Eigenschaften und Verhaltensweisen reglementieren.

Größtenteils unerwünschte Persönlichkeitsanteile und Verhaltensweisen können Wut, offene Frustration, Aggression, Trauer, Emotionalität, Angst und Hilflosigkeit sein. Eigenschaften wie Unordentlichkeit, Egoismus, Gier, Unorganisiertheit und Verträumtheit sind meist ebenso unerwünscht. Im Schatten können sich außerdem alte Verletzungen, Scham, unerfüllte Bedürfnisse und Wünsche befinden. Diese Liste könnte ich noch bis ins Unendliche weiterführen. Schließlich gibt es sehr viele unterschiedliche Vorstellungen davon, was richtig und falsch ist.

„Solange du Persönlichkeitsanteile von dir ablehnst, liebst du dich nicht selbst."

Denk noch einmal darüber nach, wer in deinem Leben bestimmt hat, was richtig und falsch ist. Wer hat dir vorgelebt oder gesagt, wie du zu sein hast und wie nicht? Durch wen hast du gelernt, was du vor der Welt verstecken musst und was du zeigen darfst? Welche Erfahrungen und welche Begebenheiten waren es, die dich dazu veranlasst haben, Persönlichkeitsanteile von dir abzuspalten und diese für nicht in Ordnung zu halten? Musst du sie alle wirklich verstecken, um richtig zu sein?

Es ist wichtig, uns bewusst zu machen, dass, wenn unsere Schattenseiten unentdeckt bleiben, diese unterdrückten Persönlichkeitsanteile und Erlebnisse in unserem Unterbewusstsein gegen uns arbeiten und oft Gefühle in uns hinterlassen wie: „Ich bin nicht in Ordnung, so wie ich bin" oder „Ich bin nicht liebenswert, so wie ich bin" oder „Ich muss mich anders verhalten".

Welchen Sinn hat es, uns dieser unerwünschten Teile bewusst zu werden oder sie sogar in unser Leben zu integrieren? Bei dieser Frage ist es sinnvoll, uns klar zu werden, dass ausschließlich durch das Bewusstwerden unserer Schattenanteile, durch die Integration unserer verborgenen Persönlichkeitsanteile sowie durch das Heilen von Verletzungen die Möglichkeit besteht, uns zu einer ganzen authentischen Frau zu entwickeln und uns in Selbstliebe anzunehmen.

Carl Gustav Jung, ein Schweizer Psychiater, auf dem die Schattenarbeit zum großen Teil basiert, meint dazu:

„Ich will lieber ganz sein als gut."

Er meint, wir sollten wieder mit unseren Schattenanteilen Frieden schließen, sie bejahend annehmen und wieder in unser Leben integrieren. Nur so können wir mit uns selbst in Harmonie leben.

„Du kannst dich erst dann wahrhaftig selbst lieben, wenn du dich mit all deinen Persönlichkeitsmerkmalen annimmst."

Es ist wichtig zu bedenken, dass unsere Schattenanteile, unsere Verhaltensweisen, unsere Gefühle und unsere Gedanken zuerst einmal weder positiv noch negativ sind. Erst unser Denken und unser Urteil darüber, wie etwas zu sein hat, macht diese gut oder schlecht. Dieses Urteilen, über gut oder schlecht, haben wir in unserer Kindheit erlernt. Damals fanden Momente statt, in denen wir anfingen, an uns zu zweifeln, und uns somit nicht mehr mit allem, was wir taten oder waren, annehmen konnten. Folglich haben wir unerwünschte Verhaltensweisen, Bedürfnisse oder gar Gefühle unterdrückt.

Zwei Seiten einer Medaille

Du bist nicht zu hundert Prozent dieser eine Mensch, wir alle zeigen in unserem Alltag verschiedene Persönlichkeitsanteile, diese können sein: die liebende Mutter, die straighte Chefin oder die verständnisvolle Freundin. Doch bei all diesen Rollen, die wir in unserem Leben einnehmen, gibt es viele Anteile, denen wir nicht erlauben, sichtbar zu werden. Diese Anteile haben wir in den Schatten gedrängt und weil wir sie nicht gutheißen, verwenden wir viel Energie darauf, sie versteckt zu halten und ja nicht zu zeigen. Es sind nicht alle Schattenteile in und an uns negativ. Sie beinhalten auch viele verdrängte persönliche Qualitäten. Um die verschiedenen Möglichkeiten unserer Sichtweisen und unserer Beurteilung über Verhaltensweisen und Glaubenssätzen darzustellen, habe ich einige davon in den folgenden zwei Tabellen beschrieben. Diese Sätze und der Glaube daran, veranlassen uns dazu, weiterhin Persönlichkeitsanteile von uns im Schatten zu verstecken.

„Auch vermeintliche Schwächen können liebenswert sein, wichtig ist nur eine liebevolle Sichtweise.“

Die ablehnende Beurteilung von „negativen“ Gefühlen und Verhaltensweisen	
Ich darf meinem Bedürfnis nach Ruhe nicht nachgehen	Dann bin ich faul
Ich darf meine Freude nicht offen zeigen	Das ist zu überschwänglich
Ich darf nicht wütend sein	Frauen müssen lieb und nett sein
Ich darf nicht egoistisch sein	Was sollen da die Leute denken, andere gehen vor
Ich darf meine Trauer nicht zeigen	Wenn ich dies tue, bin ich viel zu weich
Ich darf nicht zu nett sein	Sonst denken alle, dass ich schwach bin
Ich darf meine Meinung nicht direkt sagen	Frauen müssen diplomatisch sein
Ich darf meinen Bedürfnissen nicht zu viel Raum geben	Dann bin ich viel zu egoistisch

Die Kraft der „negativen“ Gefühle und Verhaltensweisen	
unordentlich sein	das Tor zur Kreativität
faul sein	die Begabung, sich zu entspannen
egoistisch sein	die Fähigkeit, gut für sich selbst zu sorgen
Aggressivität zeigen	die Macht, sich durchzusetzen und für sich einzustehen
Wut zeigen	die Kraft, seinen Gefühlen Ausdruck zu verleihen
kindisch sein	heiter und unbeschwert sein
nervig sein	ausdauernd seine Ziele verfolgen
Trauer zeigen	der Mut, seine Gefühle auszudrücken
seine eigenen Wünsche an die erste Stelle setzen	sich selbst wichtig nehmen und gut auf sich achten
laut die eigene Meinung sagen	für sich einstehen
zu unbeschwert sein	das Leben in Leichtigkeit genießen
Risikobereitschaft	keine Angst vor Neuem
sich nicht gut anpassen können	das Wahrnehmen und Wertschätzen eigener Bedürfnisse

Hierbei wird sehr deutlich, welche Stärken in angeblich negativen Gefühlen und Verhaltensweisen stecken können.

„Emotionen sind Energie, lerne deine Energie positiv für dich zu nutzen.“

Persönlichkeitsanteile annehmen und Frieden finden

Der Preis, den du dafür zahlst, wenn du weiterhin deine Persönlichkeitsanteile unterdrückst, ist hoch. Du solltest die Tatsache berücksichtigen, dass diese nicht im Geringsten verschwunden sind. Sie werden lediglich weiterhin nicht offen gezeigt. Wichtig zu wissen ist dabei, dass dich dieses Unterdrücken viel Energie kostet. Stell dir vor, du müsstest stets einen mit Luft gefüllten Ballon unter Wasser drücken. Dies kann dir durchaus gelingen, doch bei der kleinsten Unachtsamkeit wird der Ballon wieder auftauchen und du benötigst wieder viel Kraft und Aufmerksamkeit, um ihn erneut zu verstecken. Dein Schattenanteil will sich ausdrücken, er kommuniziert über deinen Körper und über deine Seele. Es kann gefährlich sein, wenn diese Persönlichkeitsanteile in dir im Untergrund bleiben, im schlimmsten Fall kann dies nicht nur zu einem Unwohlsein, einem Gefühl, sich nicht geliebt zu fühlen, oder einem Gefühl, dass etwas fehlt, führen, sondern zu ernsthaften Krankheiten.

„Nur durch die Integration deiner Schattenanteile findest du inneren Frieden, was dir deinen Weg zur wahrhaftigen Selbstliebe ermöglicht."

Lerne deine Schatten wahrzunehmen, anzunehmen und in dein Leben zu integrieren. Es ist sinnvoll, dir ihrer bewusst zu werden. Denn nur, wenn du sie bewusst wahrnimmst und dir ihrer guten und positiven Seiten gewahr wirst, kannst du sie in dein Leben integrieren. Nur dies ermöglicht dir, in Frieden mit dir selbst zu leben und dich selbst nicht mehr zu verurteilen.

Je mehr du dich deiner Schattenwelt im positiven Sinne zuwendest und dich mit ihr beschäftigst, umso mehr Frieden, Selbstannahme und Selbstliebe wirst du in dir wahrnehmen und spüren. Ebenso wirst du bemerken, dass du nicht nur mit dir, sondern auch mit den Menschen in deinem Umfeld liebevoller und harmonischer umgehen und zusammenleben kannst.

Die innere Kritikerin

Die innere Kritikerin ist diese Stimme in unserem Kopf, die uns immer wieder kritisiert, angreift und heruntermacht. Diese Stimme spricht beleidigende und verletzende Gedanken aus. Es sind Gedanken, die uns kleinmachen und uns sagen, dass wir nicht gut genug sind. Dass wir etwas sowieso nicht schaffen oder dass das, was wir vorhatten, für uns sowieso zu schwer ist. Vielleicht sagt sie uns auch, wir seien nicht schön, schlank oder sportlich genug. Vielleicht hören wir eine innere Stimme, die uns sagt, dass wir es hätten besser machen können. Oft sind es kreisende Gedanken, die zu Selbsthass und Selbstablehnung führen. Dadurch kann es sein, dass wir schnell aufgeben oder gleich erst gar nicht mit etwas Neuem anfangen. Wenn wir der Stimme glauben, hält sie uns davon ab, uns zu akzeptieren und uns selbst zu lieben. Bekommen wir dann keine Liebe von außen, kann die innere Kritikerin immer böswilliger werden, sie wendet sich dann nicht nur gegen uns selbst, sondern auch nach außen. Somit schimpfen wir, kritisieren, jammern und beleidigen und machen dadurch anderen das Leben schwer.

Die innere Kritikerin entsteht in unserer Kindheit. Es sind die Forderungen, Erwartungen, Bedingungen und Zurechtweisungen unserer Eltern und unseres Umfeldes aus unserer Kindheit. Sie sagten uns, was richtig und falsch war. Was wir durften und was wir nicht durften. Sie bestimmten, wie wir uns zu verhalten hatten. Leider geschah es in diesem Sozialisierungsprozess häufig, dass wir als Kinder abgewertet und kritisiert wurden. Bei Fehlverhalten wurden wir ermahnt und aufgefordert, es anders zu machen, uns richtig zu verhalten. Viele haben bestimmt immer wieder die Sätze gehört: „Das macht man nicht“ oder „Das gehört sich nicht“ oder „Was werden nur die Nachbarn denken“. Das alles hat sich in der Jugend und im Erwachsenenalter fortgesetzt. Hier waren es dann Lehrer, Freunde, Verwandte, Arbeitskollegen oder die Medien.

Erinnere dich noch einmal kurz an die erste Geschichte des kleinen Mädchens. Wie könnte die innere Konversation des kleinen Mädchens als erwachsene Frau aussehen? Was sagt die innere Kritikerin zur erwachsen gewordenen Frau? Vielleicht sagt sie zu ihr: „Wie du schon wieder aussiehst, du könntest auch mal wieder zum Frisör gehen.“ Oder sie träumt davon, eine Rucksacktour durch Australien zu machen, und ihre innere Kritikerin sagt: „Da wirst du nur schmutzig, willst du etwa auf dem Boden schlafen, wo willst du denn da duschen, nimm dir lieber ein ordentliches Hotel, du hattest als Kind schon solche Flausen im Kopf.“ Vielleicht träumt sie immer noch von sportlichen Herausforderungen, stattdessen geht sie mit ihren Freundinnen zum Yoga, und das nur weil ihre Kritikerin meint, es sei besser sich anzupassen, da sonst die Gefahr bestehe nicht dazuzugehören und die Freundinnen zu verlieren. Vielleicht sagt sie zu oft Ja, wenn sie Nein meint. Vielleicht zieht sie sich, nur um ja gut genug auszusehen, immer sehr schick an und stylt stundenlang ihre Haare, und das obwohl ihr legere Kleidung sehr viel lieber wäre.

Wie bereits weiter vorne erwähnt, spielt unsere Erziehung eine tragende Rolle. Kinder sind nicht so geboren, sie kommen nicht auf die Welt und fragen sich, ob sie vielleicht zu runzelig aussehen. Sie fragen sich beim Laufenlernen auch nicht, ob sie vielleicht schon aufgeben sollten, weil sie schließlich schon wiederholt umgefallen sind. Ebenso wenig sagen sie sich dabei nicht, ich werde es eh nicht schaffen, also lasse ich es lieber gleich. Kleine Kinder sind offen gegenüber dem Leben und haben noch nicht gelernt, sich selbst zu verurteilen. Dies erfahren sie erst im Sozialisierungsprozess, erst hier bekommen sie vermittelt, was sie zu tun haben und was sie lassen sollen. Erst dadurch erfahren sie, welches Verhalten wünschenswert ist. Da Kinder ihre Eltern erst einmal nicht in Frage stellen, versuchen sie sich in der Regel anzupassen. Sie möchten, dass ihre Eltern zufrieden mit ihnen sind. Sie lernen, den Wünschen von außen nachzukommen. Die innere Kritikerin hat ihnen damals geholfen, sich anzupassen, deshalb hatte ihre Entstehung damals einen guten Grund. Schließlich hat sie sie dabei unterstützt, von ihrer Umwelt, von der sie als Kind abhängig waren, akzeptiert und angenommen zu werden. In dieser Zeit besaß die innere Kritikerin eine wichtige Funktion.

„Mach dir bewusst, dass deine Selbstzweifel und deine mangelnde Selbstliebe erlernt sind. Genauso, wie du sie erlernt hast, kannst du sie auch wieder verlernen."

Die innere Kritikerin sitzt auch heute noch in unserem Kopf und ist ein Anteil unserer Persönlichkeit geworden. Sie sagt uns weiterhin, was wir dürfen und nicht dürfen, was wir schaffen und nicht schaffen und ob wir gut oder zu blöd sind. Mit ihr werden wir zu unserer eigenen Feindin. Denn was wir wiederholt, lang genug und intensiv hören, werden wir irgendwann glauben. Deshalb ist es wichtig, uns bewusst zu werden, dass die Stimme der inneren Kritikerin nicht unsere eigene ist.

Damit du dir von deiner inneren Kritikerin nicht mehr das Leben schwer machen lässt, zeige ich dir bei den Ritualen eine Möglichkeit, wie du in Zukunft mit ihr umgehen kannst. So kannst du von Selbstkritik Schritt für Schritt zu mehr Selbstliebe kommen.

„Es gibt nichts, was gut oder schlecht ist, erst unsere Gedanken machen es dazu."

Verhinderte Selbstliebe durch negative Glaubenssätze

Wie schon erwähnt, sind in unserer Kindheit unsere Wertvorstellungen entstanden. Sie entscheiden, was wir für richtig und falsch halten und wie wir uns verhalten dürfen beziehungsweise sollen. Sie entscheiden, welche Gefühle wir zum Ausdruck bringen dürfen und welche nicht. Sie entscheiden, ob wir uns erlauben, uns selbst wichtig zu nehmen oder nicht. Die innere Kritikerin hat dabei geholfen, diese Glaubenssätze in unserem Leben als unwiderrufliche Wahrheit zu manifestieren. Unsere Glaubenssätze darüber, wie wir zu denken und zu handeln haben, sind somit tief in uns verankert, sie sind praktisch Programmierungen unseres Unterbewusstseins. Glaubenssätze sind nicht immer schlecht, wenn Glaubenssätze uns aber davon abhalten, mit uns selbst wertschätzend und wohlwollend umzugehen, dann hindern sie uns daran, uns selbst zu lieben, und machen uns somit das Leben schwer. Da wir denken, was wir glauben, ist es besonders wichtig, unsere Glaubenssätze wahrzunehmen und sie auf deren Richtigkeit zu prüfen. Denn unsere Gedanken sind dafür verantwortlich, was wir fühlen. Wenn wir zum Beispiel denken, dass wir nicht liebenswert sind, fühlen wir uns unweigerlich schlecht und lassen uns zudem vielleicht auch noch schlecht behandeln. Wenn wir aber denken, ein wertvoller Mensch zu sein, werden wir uns selbst automatisch besser behandeln und dies wird sich auch im Außen widerspiegeln.

In der Geschichte des kleinen Mädchens habe ich bereits beschrieben, welche Auswirkungen bestimmte Aussagen auf uns haben können. Wie die Aussage, du bist doch kein Junge, bewirken kann, dass wir uns als Mädchen untersagen, Dinge zu tun, die mit dieser Aussage in Verbindung stehen. Die Glaubenssätze, die wir durch wiederholte Erfahrungen und Aussagen unserer Umwelt verinnerlicht haben, können einen enormen Einfluss auf unser Selbstwertgefühl und unsere Eigenliebe haben.

Hinderliche Glaubenssätze in Bezug auf deine Selbstliebe können folgende sein: „Ich bin nicht liebenswert", „Ich bin wertlos", „Ich muss Teile von mir verstecken, um wertvoll zu sein" oder „Andere sind wichtiger als ich".

„Da du das, was du glaubst, auch denkst, bestimmen deine Glaubenssätze darüber, wie du dich fühlst, wie du mit dir selbst umgehst und was du dir zutraust."

Es ist unerheblich, was wir glauben, wenn wir danach suchen, werden wir auch immer eine Bestätigung finden, die unseren Glaubenssatz bestärkt. Wichtig dabei zu bedenken ist, wenn wir negativ denken, können wir uns nicht gleichzeitig glücklich und voller Selbstliebe fühlen. Unsere Glaubenssätze aufzudecken, ist also dann wichtig, wenn sie unser Leben negativ beeinflussen.

Um zu verdeutlichen, dass Glaubenssätze nicht allgemein gültig sind, gebe ich dir dazu noch ein Beispiel. Zwei unterschiedliche Pärchen machen eine Urlaubsreise, sie haben sich hierzu auf ein Experiment eingelassen. Eine Urlaubsreise zum halben Preis, dabei wissen sie aber nicht, wohin es geht und in welches Hotel sie kommen, was sie aber wissen, ist, dass sie dort besonderes Essen bekommen und die Zimmer außerordentlich schön sein werden, da es sich bei dem Hotel um ein Luxushotel handelt. Das erste Pärchen war erst im vergangenen Jahr in solch einem Luxushotel, dort gab es modern ausgestattete Zimmer, alles zu essen, was man sich nur wünschen konnte, und unterschiedliche Restaurants zur Auswahl, es gab täglich ein Abendprogramm sowie Sauna, unterschiedliche Pools und einen Fitnessraum. Zudem war dieses Hotel so gelegen, dass sie zu Fuß in die nahe gelegene Stadt gehen konnten, in der es viele Unterhaltungsangebote gab. Sie glaubten fest daran, dass es sich bei dem jetzt gebuchten Luxushotel wieder so verhielt. Außerdem sind sie solche Urlaube seit ihrer Kindheit gewohnt. Ihr fester Glaubenssatz ist also, dass ein Luxushotel genauso sein muss und nicht anders.

Auch das zweite Pärchen verreist regelmäßig. Die beiden sind es gewohnt, ruhige Hotels mit einheimischem Flair und gehobenem Standard zu buchen. Dabei bevorzugen sie kleinere Hotels mit persönlicher Betreuung. Sie lieben es, einheimisch zu essen, und gehen davon aus, dass sie diesbezüglich in diesem Hotel verwöhnt werden. Des Weiteren lieben sie es, etwas abseits vom Tourismus zu sein, weil sie sich Auszeit und Ruhe wünschen und Radtouren in der schönen Natur machen möchten und das Land kennenlernen wollen. Im Hotel bevorzugen sie ein weitläufiges Außengelände mit viel Platz und Natur, dabei sind sie Ruhe am Pool gewohnt. Für sie bedeutet Luxus Ruhe. Auch dieses Pärchen geht davon aus, dass das gebuchte Luxushotel genau seinen Vorstellungen entspricht. Die beiden Pärchen haben also sehr unterschiedliche Glaubenssätze, Gedanken und Wünsche darüber, wie so ein Luxusurlaub aussehen soll. Ein einziges Hotel kann also unmöglich beiden Pärchen gerecht werden. Da jedes

Pärchen einen anderen Glaubenssatz darüber hat, wie so ein Urlaub auszusehen hat, ist die Folge Enttäuschung und Frust, wenn sie nicht das bekommen, was sie sich vorstellen.

Unsere Beurteilung darüber, wie etwas zu sein hat, beeinflusst also unser Wohlbefinden. Folglich beeinflussen also nicht nur unsere Glaubenssätze uns selbst gegenüber, wie wir uns fühlen, sondern auch unsere Glaubenssätze darüber, wie etwas im Außen zu sein hat. Hinzu kommen noch unsere Glaubenssätze darüber, wie sich andere Menschen im Allgemeinen und uns gegenüber zu verhalten haben.

„Deine Glaubenssätze können dich also glücklich und unglücklich machen. Ebenso bestimmen sie darüber, wie viel Selbstliebe du erlaubst dir selbst entgegenzubringen."

An dieser Stelle möchte ich dich einladen, ein kurzes Experiment mitzumachen. Erinnere dich an einen der schlimmsten Momente in deinem Leben. Mach dabei die Augen zu. Was ist geschehen, welche Emotionen hat dieses Geschehnis in dir ausgelöst? Bitte nimm dir einen Moment Zeit und spüre in dich hinein.

Jetzt nimm wahr, wie es dir gerade geht! Wie fühlst du dich jetzt?

Erinnere dich jetzt an deine schönsten und glücklichsten Erlebnisse. Such dir eines davon aus. Schließe auch jetzt wieder deine Augen und spüre in dich hinein.

Wie fühlst du dich jetzt?

Bestimmt hat das Hineinversetzten in einen deiner schlimmsten Momente Gefühle wie Trauer, Verletztheit, Scham, Angst oder Wut in dir ausgelöst. Das Ergebnis bei solchen Gedanken ist, dass du dich schlecht fühlst. Wenn du dich dabei auch noch fragst, warum gerade dir das passiert ist, werden sicherlich keine liebevollen Gedanken dir selbst gegenüber aufkommen.

Beim Hineinversetzen in ein schönes und glückliches Erlebnis konntest du bestimmt positive Gefühle wie Freude, Glück, Liebe und Erfüllung spüren. Konntest du ein Lächeln in deinem Gesicht wahrnehmen? Sicher hast du dich in diesem Moment wohl in deinem Körper gefühlt.

Deine Gedanken und deine Glaubenssätze sind eng miteinander verbunden. Deine innere Kritikerin denkt diese erlernten Glaubessätze und gibt sie oft in einer Endlosschleife wieder. Dabei lösen positive Gedanken positive Gefühle aus, genauso wie negative Gedanken negative Gefühle auslösen. Sind also deine erlernten Glaubenssätze negativ, wie „Ich bin nicht gut genug“ oder „Für mich ist kein glückliches Leben bestimmt“, werden sie dich davon abhalten, ein Selbstliebegefühl für dich zu entwickeln.

„Bestimme selbst über dein Leben, indem du Glaubenssätze, die dir nicht guttun, veränderst oder loslässt.“

Mut zur Selbstliebe

Bist du bereit aufzubrechen und dich mutig auf den Weg zu machen, in ein friedvolles Leben voller Selbstliebe? Möchtest du den Weg antreten und dich mutigen Schrittes auf dieses Abenteuer einlassen? Willst du dich selbst besser kennenlernen und dich in dein tiefstes Inneres leiten lassen, zu dem Menschen, der du eigentlich bist. Traust du dich, dich auf den Weg zu dir selbst zu machen, völlig unabhängig davon, was die Welt im Außen davon hält? Einen Weg, der dazu führt, dich selbst wertzuschätzen, achtsam mit dir umzugehen und dich selbst zu lieben. Einen Weg, der dich dabei unterstützt, wieder mehr auf deine Bedürfnisse zu achten und sanfter und liebevoller mit dir umzugehen. Bist du bereit, all deine Anteile deiner Persönlichkeit zu leben, bist du mutig genug, dich mit all deinen Ecken und Kanten, Wünschen und Bedürfnissen offen zu zeigen und diese in dein Leben zu integrieren?

„Sei offen und bereit für Veränderungen und gehe mutig deinen eigenen Weg der Selbstliebe."

Um den Weg zur Selbstliebe zu gehen, benötigst du Mut:

- Mut, die ersten Schritte zu gehen
- Mut, es durchzuziehen, selbst dann, wenn du auf Ablehnung triffst
- Mut und Ausdauer, dranzubleiben
- Mut, Nein zu sagen
- Mut, zu deiner Meinung zu stehen
- Mut, dein Wunschleben zu führen
- Mut, zu deinen Bedürfnissen zu stehen
- Mut, deinen eigenen Weg zu gehen
- Mut, Dinge loszulassen, die dir nicht mehr guttun
- Mut zur Eigenverantwortung
- Mut, dich selbst glücklich zu machen
- Mut, dir deine Wünsche zu erfüllen

„Erkenne deine dir innewohnenden Möglichkeiten, sei bereit, sie anzunehmen, entscheide dich für deine Selbstliebe und gehe mutig deinen Weg."

In dem Maße, wie dein Mut zunimmt, wird deine Angst abnehmen. Jedes Mal, wenn du ein wenig aus deiner Komfortzone heraustrittst und etwas Neues wagst, wirst du die Erfahrung machen, dass du auch außerhalb deiner bisherigen Komfortzone gut leben kannst.

Um dein Leben mit mehr Selbstliebe füllen zu können, ist es sehr wichtig, dass du dir Neues zutraust und neue Gewohnheiten etablierst.

> *„Sei die Frau, die mutig genug ist, alles loszulassen, was sie nicht glücklich macht, und sich dem zuwendet, was ihr guttut."*

Sei mutig und verlasse deine Komfortzone

Meine Definition der Komfortzone:

Die Komfortzone ist die Zone in deinem Leben, in der du immer genau das machst, was du schon immer gemacht hast. Die Komfortzone ist der Bereich, in dem du dich sicher fühlst, innerhalb der Komfortzone weißt du, wie dein Alltag aussieht und was auf dich zukommt, hier fühlst du dich zu Hause. Du tust stets die gleichen Dinge und machst die gleichen Erfahrungen.

Meist bleiben wir selbst dann in unserer Komfortzone, wenn es uns nicht gut geht, wir uns unglücklich, unerfüllt und voller Selbstzweifel fühlen. Oft haben wir unsere plausiblen Gründe und auch jede Menge Ausreden, warum es nicht anders geht und wir nicht in der Lage sind, etwas zu ändern. Wir machen dann die allgemeine Situation, unseren Partner, den Chef oder die Umwelt für unser Unglück verantwortlich. Wir bleiben selbst dann in unserer Komfortzone, wenn uns etwas fehlt oder wir unglücklich sind, denn so wissen wir zumindest, wie unser tägliches Leben aussieht und was auf uns zukommt.

„Überwinde die Grenzen deiner Komfortzone und traue dich neue Erfahrungen zu machen."

Vielleicht denkst du jetzt, ich habe keine Ausreden, das sind Tatsachen. Ist es wirklich so, dass es nicht anders geht? Du findest dazu bestimmt jede Menge Gründe. Doch sind dies auch die Gründe, die dazu führen, dass du dich nicht vollkommen selbst lieben kannst, weshalb dir etwas fehlt oder du dich unglücklich oder irgendwie nicht ganz richtig fühlst. Wie wäre es jetzt anzufangen, nach Gründen und Wegen zu suchen, wie es trotzdem funktionieren kann, wie wäre es, wenn du es schaffen würdest, deinen Blickwinkel zu ändern, und du dich damit glücklicher, zufriedener und voller Selbstliebe fühlen würdest?

„Suche auf deinem Weg zur Selbstliebe nicht nach Hindernissen, sondern nach Möglichkeiten."

Erinnere dich an die erste Geschichte des kleinen Mädchens, das als erwachsene Frau viel lieber Abenteuer erleben würde, als mit den Freundinnen ins Yogastudio zu gehen. Sie träumt davon, mit dem Rucksack, um die Welt zu reisen. Sie würde gerne klettern gehen, einen Kampfsport oder Barrensport machen. Doch hat ihre innere Kritikerin hier viele Einwände, weshalb sie ihren Wünschen nicht nachgehen darf. Sie könnte ihre Freunde verlieren, oder diese wären sauer auf sie. Das ist nicht das, was eine normale Frau tun sollte. Was würde nur ihre Mutter dazu sagen, sie würde dies bestimmt nicht gutheißen. Und sie hat gelernt, als Frau immer adrett und gepflegt auszusehen, das würde bei einer Rucksacktour wohl nicht funktionieren. Was ist, wenn ihr etwas zustößt, das ist doch sowieso zu gefährlich und überhaupt waren das ja sowieso nur Kinderflausen in ihrem Kopf. Sie ist jetzt erwachsen. Andere tun das vielleicht, aber zu ihr passt das einfach nicht. Sie sollte endlich einmal mit dem Leben zufrieden sein, das sie hat. Die innere Kritikerin hat dazu bestimmt noch jede Menge anderer Argumente.

Was glaubst du, ist es wirklich nicht möglich, diese Dinge zu tun? Kann es sein, dass diese Grenzen nur in ihrem Kopf sind? Kann es sein, dass sie sich nur von den Gedanken der inneren Kritikerin aufhalten lässt? Selbst wenn sie ihre Freundinnen verlieren sollte, waren es dann wirklich die richtigen? Wahre Freunde würden sie doch viel eher bei ihrem Vorhaben unterstützen, weil es ihnen wichtig ist, dass sie glücklich ist. Auch wenn ihre Freundinnen sie auf Gefahren hinweisen, etwa, dass das Klettern viel zu gefährlich sei, sind das wahrscheinlich nur ihre eigenen Grenzen. Wenn sie sie davon abhalten wollen, könnte es auch ihre Angst sein, sie als Freundin zu verlieren.

Dazu möchte ich dir noch ein paar Fragen stellen. Kennst du Menschen, die die Welt bereisen, klettern gehen oder Barrensport machen? Vielleicht kennst du solche Menschen nicht persönlich, aber bestimmt aus Büchern, vom Fernsehen oder vom Internet. Wenn es also möglich ist, das alles zu tun, warum sollte dies nicht für das kleine Mädchen aus der ersten Geschichte möglich sein, das eine erwachsene Frau geworden ist? Es ist nur dann nicht möglich, wenn sie sich von ihren Glaubenssätzen und ihrer inneren Kritikerin aufhalten lässt und sie sich somit nicht traut, aus ihrer Komfortzone herauszutreten.

Was glaubst du, wie das Leben des Mädchens mit dem anderen Ende der Geschichte später als Frau aussieht? Glaubst du, sie geht Yoga machen, wenn sie eigentlich einen anderen Sport liebt? Glaubst du, sie lässt sich von ihrer Rucksacktour aufhalten? Ich glaube nicht.

Vielleicht denkst du jetzt, das Mädchen mit dem anderen Ende der Geschichte hat es ja auch leicht, es durfte all das, es wurde dabei sogar noch unterstützt. Da gebe ich dir recht. Deshalb gibt es hier das Kapitel über den Mut. Denn du wirst Mut benötigen, um dich von alten Glaubenssätzen und Gewohnheiten zu trennen. Du wirst Mut benötigen, um deiner inneren Kritikerin gegenüberzutreten und zu sagen: „Ja, ich weiß, was du denkst, aber ich möchte es trotzdem wagen." Du wirst Mut benötigen, auch dann weiterzumachen, wenn andere dich davon abhalten wollen. Du wirst Mut benötigen, um deinen eigenen Weg zu gehen. Sei dir immer bewusst, dass du allein es bist, die entscheidet, ob du dich von alten Glaubenssätzen gefangen halten lässt.

Du allein bist es, die entscheidet, ob du deiner inneren Kritikerin die Macht über dein Leben geben möchtest. Du allein bist es, die entscheidet, ob du anfangen möchtest, etwas in deinem Leben zu ändern. Du allein bist es, die entscheidet, wie wichtig dir deine Wünsche sind und ob du bereit bist, sie dir zu erfüllen. Du allein bist es, die entscheidet, ob du dich auf den Weg zu mehr Selbstliebe machen möchtest. Du allein entscheidest und du allein hast die Macht, dies auch zu tun.

Tue das, was für dich wichtig ist und du für richtig hältst, mach dich mutig auf den Weg, dir dein Leben so zu gestalten, dass du dich darin glücklich fühlst.

Doch wenn du dies tun möchtest, musst du aus deiner Komfortzone heraus, denn wenn du nur dieses Buch liest und dann weiterhin alles so machst wie bisher, wird sich nichts ändern. Denn dein persönliches Wachstum und dein Weg zu mehr Selbstliebe befinden sich außerhalb deiner Komfortzone.

Außerhalb deiner Komfortzone befindest du dich, wenn du etwas Neues, dir Unbekanntes machst. Alles, was außerhalb deiner Komfortzone liegt, kostet dich am Anfang etwas Überwindung. Es ist am Anfang ungewohnt, du verspürst vielleicht auch Angst oder es fühlt sich erst einmal anstrengend an. Denn außerhalb der Komfortzone kannst du nicht mit Sicherheit wissen, was auf dich zukommt und wie du dich dort fühlst. Doch wenn du etwas ändern möchtest, weil du so wie jetzt unglücklich bist, dir etwas fehlt, um dich geliebt und glücklich zu fühlen, oder dir eine innere Stimme sagt: „War das jetzt alles?“, musst du hinaus aus deiner Komfortzone. Die Gefahr dabei ist, dass deine Angst dich zur Selbstsabotage führen kann. Dass dein mangelnder Glaube an dich selbst dich nicht anfangen oder durchhalten lässt. Doch nur außerhalb deiner Komfortzone befinden sich deine neuen Erfahrungen und deine von dir gewünschte Selbstliebe.

Du vergrößerst deine Komfortzone, indem du immer wieder deine Wachstumszone betrittst, dies ist deine nahe Umgebung außerhalb deines Käfigs. Schaffe dir Erfolgserlebnisse, indem du immer wieder all deinen Mut zusammennimmst, deine Komfortzone verlässt und Neues ausprobierst.

Deshalb wünsche ich dir, dass du es schaffst, mutig und Schritt für Schritt deinen Weg zu gehen. Deinen Weg zu mehr Zufriedenheit, Glück und Selbstliebe. Auf diesem Weg wird es auch einiges geben, was dir leichterfällt, am besten fängst du mit diesen Dingen an, so gelingt es dir, schneller Erfolgserlebnisse zu verzeichnen. Denn mit jedem Erfolgserlebnis werden dir die weiteren Schritte besser gelingen. Dein Vertrauen in dich und dein Mut haben so die Möglichkeit, Stück für Stück zu wachsen. Das wird dich dabei unterstützen und inspirieren voranzukommen, so kann deine Selbstliebe allmählich in dir wachsen.

Der wichtige Schritt auf dem Weg zur Selbstliebe, nämlich einige deiner Gewohnheiten zu ändern, wird dir vielleicht nicht immer leichtfallen. Schließlich begleiten dich diese schon eine ganze Weile. Gehe dabei liebevoll und behutsam mit dir um. Schenke dem Gelingen mehr Beachtung als den Momenten, in denen du in alte Verhaltensweisen zurückfällst. Lobe dich, wenn es dir auffällt, und mach einfach weiter. Gib deiner inneren Kritikerin hier nicht die Möglichkeit, dich niederzumachen. Sie könnte Sätze sagen wie: „Das habe ich dir doch gleich gesagt, dass du das nicht kannst“ oder „Siehst du, dieser Quatsch funktioniert nicht“ oder „Dafür bist du einfach nicht gut genug“ oder „Selbstliebe? Wie willst du dich denn lieben, da musst du noch einiges dafür tun, um liebenswert zu sein“. Deine innere Kritikerin wird dich immer wieder davon abhalten wollen, dich vor den Gefahren warnen und dir alles Neue schlechtreden. Sie wird immer wieder dafür sorgen, dass du bei neuen Dingen ein Unwohlsein oder eine Angst spürst. Nimm dein Unwohlsein und deine Angst einfach mit. Du kannst zu deiner inneren Kritikerin mutig sagen, ja, ich kenne deine Bedenken, doch ich möchte es trotzdem machen.

Nun möchte ich dir noch etwas sehr Wichtiges sagen. Lass dich nicht von deinem Umfeld abhalten. Lass dies auf keinen Fall zu. Ich möchte dich noch einmal erinnern, dass es auch den ein oder anderen Gegenwind aus deinem Umfeld geben wird. Es wird Menschen geben, denen nicht gefällt, was du tust. Wenn du plötzlich mehr zu dir selbst stehst, dich vielleicht in der ein oder anderen Weise anders verhältst, deine Meinung vertrittst oder Nein sagst, wo du vorher Ja gesagt hast. Diese Menschen bewerten das, was du tust, durch ihre eigene Brille, vielleicht hören auch sie nur auf ihren Kritiker und leben ihr Leben nicht so, wie sie es sich eigentlich wünschen. Vielleicht fehlt es auch ihnen an der ein oder anderen Stelle an Selbstliebe. Vielleicht wollen sie selbst nicht hinsehen und deshalb verurteilen sie es, wenn du es tust. Vielleicht haben sie Angst, dich zu verlieren. Vielleicht haben sie das Gefühl, jetzt auch etwas unternehmen zu müssen. Vielleicht wird es für sie ungemütlicher, weil du nicht mehr zu allem Ja sagst. Vielleicht müssen sie selbst aus ihrer Komfortzone heraus, weil du bestimmte Dinge nicht mehr übernimmst. Für dein Umfeld kann es deshalb nicht immer angenehm sein, wenn du dich veränderst, deshalb wird es Menschen geben, die versuchen, dich davon abzuhalten, etwas anderes und Neues zu tun.

Gehe mutig auf dein Ziel zu

„Sieh dein Ziel klar vor Augen und gehe mutig darauf zu, tue was nötig ist, schließlich geht es um dein Leben, um deine Liebe zu dir selbst."

Es ist wichtig, dass du dich nicht von deiner Angst, abgelehnt zu werden oder es doch nicht zu schaffen, aufhalten lässt. Damit dir das gelingt, fange am besten mit einer kleinen Gewohnheit an, zum Beispiel, die Morgenseiten zu schreiben (diese Strategie findest du bei den Ritualen), oder nur einer Sache im Tagesablauf, wie das Stillen deines Durstgefühls, das du sonst vielleicht öfter vernachlässigt hast.

Du wirst bemerken, dadurch, dass du deine Ängste überwindest, werden dein Selbstbewusstsein und dein Selbstvertrauen größer und mit der Zeit wird es dir immer leichter fallen, neue Dinge und Gewohnheiten in deinem Leben zu etablieren und neue Wege zu gehen. Am allerwichtigsten dabei ist es, dass dich dieser neue Weg zu mehr Selbstliebe führt. Dies wird dir gelingen, indem du dir, unabhängig von äußeren Bedingungen und der Meinung anderer, mutig ein Leben erschaffst, das dich wirklich von innen heraus glücklich macht.

„Mut ist die Kraft, mit der du deine Träume wahr werden lässt."

Wenn du zulässt, dass deine innere Kritikerin, deine Gewohnheiten, Glaubenssätze und deine Angst dich aufhalten und du deshalb niemals ins Handeln kommst, wirst du weiterhin das Leben führen, das du schon hast. Das Leben, in dem dir etwas überaus Wichtiges fehlt oder zu wenig ist, deine Liebe zu dir selbst. Deshalb ist es außerordentlich wichtig, Mut zu zeigen, Altes loszulassen, deine Komfortzone zu verlassen und anzufangen, mehr Dinge zu tun, die dich glücklich machen.

„Mut ist nicht immer brüllend laut. Manchmal ist er auch die leise Stimme am Ende des Tages, die sagt: Morgen versuche ich es wieder."

- Mary Anne Rademacher -

Vergleiche dich nicht

Denken wir hier noch einmal an das kleine Mädchen zurück, das als erwachsene Frau Yoga mit ihren Freundinnen macht. Mir ist bewusst, dass ich mich hier in einigen Punkten wiederhole, doch Wiederholung ist es, die uns verstehen lässt, da wir die Gedanken besser wahrnehmen und auch verinnerlichen können. Ich habe davon geschrieben, dass sie lieber etwas anderes als Yoga machen würde, etwas Aufregenderes, sie aber durch ihren Kritiker bei diesem Wunsch ein schlechtes Gewissen hat und ihren Wunsch deshalb nicht umsetzt. Nun kommt hier noch der Punkt des Vergleichens hinzu. Es könnte auch sein, dass sie sich mit den anderen vergleicht. Diese vergleichenden Gedanken könnten etwa so aussehen: „Die anderen sind doch auch zufrieden damit, Yoga zu machen, sie wirken damit sogar sehr glücklich, was stimmt nicht mit mir, wieso bin ich anders, wieso macht es mich nicht auch zufrieden?“ Dieser Vergleich führt unweigerlich dazu, dass sie sich schlecht und nicht gut genug fühlt. Was nicht gerade förderlich für ihren Selbstwert und ihre Selbstliebe ist. Durch diesen Vergleich erlaubt sie es sich nicht, ihre eigenen Wünsche und Gefühle ernst zu nehmen. Das wird mit der Zeit unweigerlich dazu führen, dass sie sich unzufrieden und unglücklich fühlt und dass es so den Anschein macht, sie habe eigentlich alles und deshalb gibt es für sie überhaupt keinen Grund dafür, unglücklich sein. In der Folge wird sie sich dadurch noch schlechter fühlen. Um aus diesem

Hamsterrad auszusteigen, müsste sie anfangen, ihre Bedürfnisse ernst zu nehmen etwas für deren Erfüllung zu tun.

> *„Konzentriere dich auf dich selbst, denn jeder Mensch ist einzigartig."*

Es gibt noch weitere Vergleiche, die wir immer wieder mehr oder weniger häufig fabrizieren. Diese nennen sich Auf- und Abwärtsvergleiche.

Aufwärtsvergleiche

Bei einem Aufwärtsvergleich vergleichen wir uns mit jemandem, der etwas besser kann als wir oder in einem bestimmten Bereich erfolgreicher ist. Vielleicht hat diese Person in gewissen Punkten auch ein scheinbar glücklicheres Leben als wir. Vielleicht sorgt diese Person schon sehr gut für sich und wir beneiden sie deshalb oder halten sie in bestimmten Bereichen sogar für egoistisch.

Wir sehen die perfekt gestylten und makellos aussehenden Frauen auf verschiedenen Titelseiten von Frauenzeitschriften und fühlen uns dabei eventuell minderwertig, weil wir nicht diesem Ideal entsprechen. Wir lassen dabei aber völlig außer Acht, dass die Bilder bearbeitet sind. Zudem machen die Models, die dort abgebildet sind, meist auch viel Sport und achten ständig auf ihre Ernährung. Wären wir bereit, den Preis dafür zu bezahlen und dies auch zu tun?

Vielleicht beneidest du aber auch deine Freundin, weil sie im Job erfolgreicher ist. Vielleicht beneidest du ein Pärchen, das ständig in den Urlaub fährt, und fragst dich, wie es sich das leisten kann. Vielleicht beneidest du eine Freundin, die scheinbar den perfekten Partner hat, vielleicht kann eine Freundin von dir einfach umwerfend kochen, vielleicht ist es bei einer anderen Freundin immer perfekt sauber und aufgeräumt, vielleicht ist eine Freundin viel sportlicher als du.

Diesen Aufwärtsvergleich kannst du nicht gewinnen. Es wird immer irgendjemand geben, der irgendetwas besser kann als du, in einem bestimmten Bereich mehr Erfolg vorweisen kann oder finanziell mehr Möglichkeiten hat. Oft lassen wir beim Vergleichen auch außer Acht, dass wir uns meist mit mehreren Menschen gleichzeitig vergleichen und meinen, alle diese Eigenschaften und Bedingungen, um uns wertvoll genug zu fühlen, in unserer Person vereinen zu müssen. Zudem beachten wir häufig die unterschiedlichen Bedingungen und Voraussetzungen der verschiedenen Menschen nicht. Wir sollten uns bewusst machen, dass kein Mensch dasselbe Leben, dieselben Erfahrungen, dasselbe Umfeld, dieselben Voraussetzungen, dieselbe Entwicklung und dieselben Herausforderungen hat wie wir. Somit hinken die Vergleiche, die wir anstellen, sowieso immer in die eine oder andere Richtung.

„Bei einem Aufwärtsvergleich wirst du immer schlecht abschneiden."

Wir haben seit der Kindheit Vergleiche erfahren. Ich habe auch darüber gelesen, dass wir dazu eine genetische Veranlagung besitzen. In Bezug auf unsere Selbstliebe sollten wir uns zudem noch überlegen, ob wir diese Vergleiche manchmal nur anstellen, weil wir uns für nicht gut genug halten. Halten wir uns für nicht gut genug und deshalb nicht liebenswert, suchen wir im Außen nach Bestätigung dafür. Durch diese Aufwärtsvergleiche erhalten wir dann auch die von uns gesuchte Bestätigung, nicht gut genug und nicht liebenswert zu sein. Durch Aufwärtsvergleiche machen wir uns buchstäblich selbst fertig. Natürlich läuft dies alles in der Regel nicht bewusst ab. Doch weil wir uns dadurch unweigerlich schlecht fühlen, ist es wichtig, diese Vorgänge in uns zu erkennen.

Abwärtsvergleiche

Bei einem Abwärtsvergleich vergleichen wir uns mit Menschen, die uns in einem oder mehreren Bereichen unterliegen oder erfolgloser sind als wir. Durch diesen Vergleich fühlen wir uns selbst besser und wertvoller. Dadurch können wir feststellen, dass es auch Bereiche gibt, in denen wir besser abschneiden als andere. Solange wir nicht versuchen, unser Selbstwertgefühl damit zu puschen, indem wir andere herabsetzen, geringschätzig behandeln, für minderwertig halten und uns überheblich ihnen gegenüber verhalten, können uns solche Vergleiche auch helfen zu bemerken, wie gut wir es eigentlich haben. Doch auch hierbei vergessen wir oft die unterschiedlichen Voraussetzungen und Bedingungen jedes einzelnen Menschen. Was wir dabei auf alle Fälle beachten sollten, ist, dass Menschen, die bei einem Abwärtsvergleich schlechter abschneiden als wir, genauso ihre Stärken haben und wertvolle Menschen sind.

Wann Vergleiche sinnvoll sein können

Vergleiche sind immer dann sinnvoll, wenn sie dir dabei helfen, in einem bestimmten Bereich etwas zu lernen oder besser zu werden. Möchtest du zum Beispiel leckere Lasagne kochen, ist es sinnvoll, dir ein Rezept von jemanden herauszusuchen, der bereits weiß, wie man leckere Lasagne macht. Oder du möchtest dir ein Hochbeet bauen, um dein eigenes Gemüse anzubauen. Auch hier ist es sinnvoll, jemanden um Rat zu fragen, der dies bereits erfolgreich gemacht hat. Dabei vergleichst du nicht nach oben oder unten, sondern du vergleichst, um etwas dazuzulernen und um dich in einem bestimmten Bereich weiterzuentwickeln. Solche Vergleiche können dich in deiner Persönlichkeitsentwicklung unterstützen. Hierzu gehört ebenso der Vergleich mit Frauen, die im Bereich der Selbstliebe schon weiter sind als du. Doch nur, wenn es dir gelingt, dies unter dem Blickwinkel zu tun, erfahren zu wollen, was du selbst für deine Selbstliebe tun kannst und dir dafür lediglich Tipps holen möchtest. Vergleiche, die du dazu verwendest, um dich selbst weiterzuentwickeln, halte ich für sinnvoll, aber nur dann, wenn du es schaffst, dich durch diese Vergleiche nicht minderwertig zu fühlen, sondern sie als positive Herausforderung und Hilfe sehen kannst.

„Alle Menschen haben ihre Höhen und Tiefen in ihrem Leben. Statt dich mit ihnen zu vergleichen, versuche lieber, die beste Version von dir selbst zu sein."

Ein weiterer sinnvoller Vergleich ist der Vergleich mit dir selbst. Du kannst dich mit deinem alten Ich vergleichen, nur hier wird sichtbar, was du bereits alles gelernt und geleistet hast. Durch Vergleiche mit deinem früheren Ich ist es dir möglich, deine Erfolge und deine Fortschritte wahrzunehmen.

Unser Rucksack

Alle Frauen tragen ihren eigenen Rucksack mit sich. Dieser mag unterschiedlich schwer sein, verschiedene Größen, eine jeweils andere Farbe und ungleiche Inhalte haben. Mancher Rucksack trägt sich wie eine Last, er zieht einen hinunter und es scheint, als würde er einen erdrücken, er fühlt sich schwer an und so manch eine Frau kann unter der Last zusammenbrechen. Ein anderer Rucksack sieht vielleicht bunt aus und fühlt sich leicht an. Es ist so, als würde man ihn kaum bemerken, und große Sprünge scheinen mit ihm leicht zu sein.

Dabei ist es wichtig zu wissen, dass nur du in der Lage bist, die „schweren Steine" aus deinem Rucksack herauszuholen. Du kannst damit beginnen, die Last deines Rucksacks leichter zu machen, indem du Stein für Stein nach und nach aus deinem Rucksack entfernst und beginnst, ihn mit schönen wertvollen Gefühlen, liebevollen Gedanken, wunderbaren Momenten voller Selbstliebe, großartigen Erinnerungen und Ereignissen wieder zu füllen. Ein Rucksack mit Erinnerungen, die aussehen wie wunderbare bunte Seifenblasen, wird sich viel leichter anfühlen, dein Leben einfacher machen und es dir leichter machen, dich selbst zu lieben.

Achte hierbei immer sehr auf die Vergleiche, die du anstellst. Sei dir bewusst, dass der Inhalt des Rucksacks anderer Frauen völlig anders aussieht als deiner. Das Besondere an den verschiedenen Rucksäcken ist, dass es trotz der vielen Frauen, die wir bereits auf Erden sind, keine zwei gleichen Rucksäcke gibt. So gibt es für dich nur einen

Weg, deinen Rucksack so zu füllen, dass er dir zu mehr Selbstliebe verhilft: deinen eigenen.

Suche dir deshalb in diesem Buch die Aspekte und Anregungen heraus, die sich für dich richtig anfühlen.

Achte auf die Personen in deinem Umfeld

Hier möchte ich etwas genauer auf das Umfeld eingehen. Ich habe bereits davon geschrieben, dass es vielleicht nicht jedem gefällt, wenn du etwas in deinem Leben änderst, dass es sein kann, dass du Gegenwind bekommst. Dies ist ganz natürlich, schließlich beeinflusst es auch die dir nahestehenden Menschen, wenn du Dinge plötzlich anders machst oder auch einmal Nein sagst, wo du sonst vielleicht Ja gesagt hast.

Du konntest hier auch schon lesen, dass dein Umfeld mitverantwortlich dafür ist, wie deine Selbstliebe aussieht. Dir ist bestimmt bereits bewusst, dass dein Umfeld deine Glaubenssätze und Wertvorstellungen beeinflusst. In diesem Kapitel geht es deshalb darum, wahrzunehmen, welche Menschen in deiner Umgebung förderlich für dich sind und welche nicht. Der Unternehmer, Autor und Motivationstrainer Jim Rohn erstellte die folgende These: „Du bist der Durchschnitt der fünf Menschen, mit denen du die meiste Zeit verbringst."

Meist suchen wir uns Menschen aus, die ähnliche Interessen, Glaubenssätze und Werte besitzen wie wir selbst. In der Regel haben diese Menschen uns ähnliche Sichtweisen, aber auch Stimmungen.

Eventuell gibt es auch jemanden in deiner Umgebung, der dir nicht guttut und möglicherweise ständig schlechte Laune hat, dich runterzieht und dir regelmäßig deine gute Laune verdirbt. Dabei solltest du beachten, dass, wenn du dich mit unzufriedenen Menschen umgibst, dies mit der Zeit auf dich abfärbt, und nach und nach wirst auch du immer unzufriedener werden, da du deinen Blickwinkel mehr aufs Negative legen wirst, selbst dann, wenn es viele positive Dinge und Begebenheiten in deinem Leben gibt. Somit bestimmen diese Menschen im Wesentlichen mit über deine eigene Gefühlswelt. Deshalb ist es, um mehr Selbstliebe zu leben, besonders wichtig, auf dein Umfeld zu achten und darauf, ob dieses in Bezug auf deine Selbstliebe förderlich ist.

„Die Menschen in deinem Umfeld haben einen starken Einfluss auf dich, ihre Wertvorstellung und ihre Grundstimmung gegenüber dem Leben spielen eine große Rolle dabei, ob du glücklich bist oder nicht.“

Vielleicht hast du das Gefühl, es nicht wirklich in der Hand zu haben, mit wem du dich umgibst. Aber am Ende bist du es du allein, die bestimmt, welche Menschen dein Leben beeinflussen dürfen. Eine Arbeitsstelle kannst du auch wechseln. Bei Familienmitgliedern, die dir nicht guttun, kannst du den Kontakt reduzieren und du kannst dir gegebenenfalls neue Freunde suchen. Entscheide dich zu Gunsten deiner Selbstliebe für Menschen, in deren Gegenwart du dich wohlfühlst, die dir guttun und dich am besten auch bei deinen Vorhaben unterstützen.

Natürlich gibt es auch einmal schlechte Tage, Tage, an denen wir uns nicht wohlfühlen und unzufrieden sind. Wir können nicht immer positiv sein. Wie ich schon geschrieben habe, ist es auch wichtig, diese Gefühle zuzulassen und ihnen Raum zu geben. Doch du entscheidest, was du aus ihnen machst und wie lange sie bleiben dürfen.

Das, was ich hier ansprechen möchte, ist die Grundstimmung der Menschen. Es gibt Menschen, die bei den schönsten Begebenheiten das Haar in der Suppe suchen, und es gibt Menschen, die bei selbst sehr unerfreulichen Erlebnissen noch etwas Gutes sehen und diesen etwas Positives abgewinnen können. Um den Unterschied dieser Menschen klarer darzustellen, habe ich hier ein paar Beispiele aufgeschrieben.

Menschen, die dir bei deinem Wunsch nach mehr Selbstliebe nicht guttun, kannst du an folgenden Merkmalen erkennen:

- Sie machen dir Vorwürfe.
- Sie rauben dir Energie.
- Nach einem Treffen mit ihnen fühlst du dich ausgelaugt und erschöpft.
- Sie finden an jeder Sache etwas Negatives.
- Sie sprechen ständig nur über Probleme und negative Ereignisse.
- Sie jammern fast immer.
- Sie machen ständig andere für ihr Unglück verantwortlich.
- Sie mögen keine Veränderungen.
- Sie wollen dich kleinhalten oder reden dir deine Vorhaben aus.

Menschen, die dich auf deinem Weg zu mehr Selbstliebe unterstützen, kannst du dagegen an folgenden Merkmalen erkennen:

- Sie geben dir ein positives und gutes Gefühl.

- Nach einem Treffen mit ihnen fühlst du dich voller Energie.
- Sie nehmen deine Wünsche ernst.
- Sie sprechen über Lösungen.
- Sie haben eine positive Ausstrahlung.
- Sie fühlen sich für ihr Leben selbst verantwortlich.
- Sie mögen ihr Leben.
- Ein Treffen mit ihnen erleichtert und inspiriert dich.
- Du fühlst dich wohl in ihrer Nähe.

„Sei dir dessen bewusst, dass dein Umfeld einen großen Einfluss auf deine Selbstliebe hat, deshalb verbringe mehr Zeit mit Menschen, die dir guttun.“

Es ist schwierig, ein zufriedenes Leben zu führen, wenn du ständig Nörgler, Besserwisser, Angreifende, Übelgelaunte und Jammernde in deinem Umfeld hast. Mach dir bitte bewusst, dass du allein es bist, die bestimmt, wem du dauerhaft das Recht gibst, dich hinunterzuziehen und dich von einem glücklichen und erfüllten Leben voller Selbstliebe abhalten zu lassen.

Vielleicht ist dir bereits sehr bewusst, welche Personen in deiner näheren Umgebung dir nicht guttun, bei wem du dich nicht wohlfühlst und nach welchen Treffen du dich eher frustriert fühlst. Falls du noch Unterstützung dabei benötigst, wie du mit dieser Erkenntnis umgehen kannst, findest du sie im Kapitel „Erschaffe dir ein positives Umfeld“.

Loslassen und vergeben

Egal, was war, welche Erlebnisse du hattest, wie du dich gefühlt und welche Verletzungen du erlitten hast, welche Enttäuschungen du hattest und welche Bedürfnisse du dir nicht erfüllt hast, du kannst deine Vergangenheit nicht ändern. Natürlich hatte und hat das Auswirkungen auf dein Leben. Doch wie lange diese Dinge dein Leben bestimmen können, ist allein von dir abhängig. Du hast es in der Hand, alte Verletzungen und nicht dienliche Glaubenssätze loszulassen. Du hast es in der Hand, jeden Tag von vorne zu beginnen. Doch dazu ist es wichtig, den Schmerz, die Enttäuschungen, die Verletzungen, die unerfüllte Sehnsucht nach nicht erfüllten Bedürfnissen, das Gefühl, nicht gut genug oder nicht liebenswert zu sein, oder das Gefühl, ständig etwas leisten zu müssen, loszulassen. Egal, was auf dich zutrifft, wenn du bereit bist, dir nicht Dienliches loszulassen, triffst du eine Entscheidung für deine Selbstliebe. Lass nicht länger zu, dass Vergangenes deinen Seelenfrieden und dein Glück beeinflusst. Verzeihe dir und anderen.

Wenn du anderen Menschen nicht verzeihst, schadest du nicht den Menschen, die dich verletzt oder dir etwas angetan haben, sondern dir, denn du bist der Mensch, der darunter leidet. Es ist, wie wenn du Gift trinkst und hoffst, dass der andere stirbt. Wenn du zulässt, dass du dich wegen einer anderen Person lange schlecht fühlst, gibst du ihr damit die Macht über deine Gefühle. Wenn du nicht loslässt und an für dich negativen Dingen weiter festhältst, nimmst du dir selbst die Chance, diese hinter dir zu lassen und ein glückliches und erfülltes Leben voller Selbstliebe zu führen. Deshalb solltest du deinen Frieden finden, indem du deine Vergangenheit akzeptierst und sie als Teil deiner Entwicklung ansiehst. Wenn du vergibst, bedeutet das nicht, dass das, was geschehen ist, in Ordnung war und du damit einverstanden bist. Doch du kannst selbst entscheiden, welche Bedeutung du deinen Erlebnissen und Erfahrungen gibst und was du daraus machst. Du allein kannst entscheiden, ob du diesen Schmerz loslässt. Wenn du vergibst, tust du das nicht für den anderen, sondern für dich, so kannst du wieder ein Gefühl des Friedens in dir spüren. Du kannst deine Energie wieder positiv für dich nutzen, statt sie im Groll und Festhalten zu verlieren. Wenn du vergibst, bedeutet das auch nicht, dass du schwach bist und andere Menschen mit dir machen können, was sie wollen. Im Gegenteil: Vergeben zu können bedeutet Stärke, es bedeutet, dass dir dein Seelenfrieden wichtiger ist als das, was andere Menschen getan haben.

Nutze die Macht der Vergebung, denn wenn du nicht loslässt, bist du selbst es, die sich immer wieder aufs Neue verletzt und dir Leid zufügt. Mach dir bewusst, dass die Vergangenheit vorbei ist und diese Situationen und Geschehnisse oft nur noch durch deine Gedanken am Leben erhalten werden. Natürlich ist es auch so, dass viele dieser Geschehnisse in deinem Unterbewusstsein verborgen sind und sie dir deshalb momentan nicht präsent sind. Deshalb kannst du als Erstes damit beginnen, dir bewusste, für dich negative Geschehnisse loszulassen und den Menschen zu vergeben.

Vorteile des Loslassens und Vergebens

- Du findest deinen Seelenfrieden.
- Durch das Loslassen können auch die damit verbundenen Verletzungen und Schmerzen heilen.
- Du bestimmst selbst darüber, wie es dir geht.
- Du überlässt anderen Menschen nicht mehr die Macht über dein Wohlbefinden.
- Du kannst deine frei gewordene Energie auf neue positive Dinge legen.
- Du befreist dich von unnötigem Ballast.
- Du tust etwas Positives für deine Gesundheit.
- Du tust etwas für dein Wohlbefinden und deine Selbstliebe.
- Du fühlst dich wertvoller.
- Du kannst dich selbst besser annehmen.
- Du entfesselst Kraft für Neues.
- Du heilst damit alte Wunden.
- Du befreist dich von seelischem Ballast.
- Du findest Frieden in dir.
- Es steigert dein Selbstwertgefühl.
- Es lässt die Liebe für dich selbst wachsen.
- Du empfindest mehr Liebe und Verständnis für andere.

Trotz aller positiver Auswirkung stellt sich die Frage, wie wir es schaffen können zu vergeben und loszulassen. Wie sollen wir anderen Menschen so einfach vergeben? Wie sollen wir Vergebung umsetzen, wenn wir Gefühle wie Enttäuschung, Schmerz, Wut, Frust, Trauer oder Rache immer noch in uns spüren? Hier ist es wichtig, deine Gefühle anzuerkennen, sie wahrzunehmen und ihnen Aufmerksamkeit zu schenken. Achte darauf, was es in dir ausgelöst hat. Statt deine Gefühle wie Wut auf andere Menschen zu richten, solltest du dir die Frage stellen: „Aus welchem Grund konnte mich dieser Mensch oder dieses Geschehnis so verletzen?" Vielleicht denkst du jetzt so etwas wie: „Was für eine blöde Frage, es war einfach ungerecht, gemein, verletzend oder unfair."

Ich bitte dich deshalb, dir diese Frage zu stellen, weil das alles auch etwas mit dir zu tun hat. Und zwar damit, welche Bewertung du den Dingen gibst. Wenn jemand dich anschreit, könntest du denken, die Person hat heute wohl schlechte Laune und ist mit sich selbst unzufrieden, du könntest aber auch denken, was für eine Unverschämtheit, wie der mit mir spricht, das ist verletzend und unfair. Das soll natürlich nicht bedeuten, dass du dich anschreien lassen sollst und nichts dagegen tust. Dieses Beispiel soll nur zeigen, dass es an uns, an unseren Erfahrungen, Gedanken und Konditionierungen liegt, wie wir über etwas denken und uns in Folge fühlen. Diese Gedanken und Gefühle haben oft auch mit alten Verletzungen und Geschehnissen zu tun, die wir noch nicht losgelassen haben oder deren wir uns nicht mehr bewusst sind. Möglicherweise trifft es uns so sehr, weil es eine alte Wunde in uns berührt.

Vielleicht hilft es dir beim Loslassen und Vergeben auch, dir bewusst zu machen, dass das Verhalten anderer Menschen dir gegenüber oft mehr mit ihnen selbst zu tun hat als mit dir. Auch andere Menschen haben ihren Rucksack zu tragen und leben und handeln deshalb nicht immer so, dass es für andere Menschen förderlich ist.

Vergib dir selbst und lasse los

Der wichtigste Mensch, dem du vergeben solltest, bist du selbst. Alles, was wir uns im Außen wünschen, fängt bei uns selbst an. Deshalb ist es wichtig, dir selbst Liebe und Wertschätzung entgegenzubringen. Statt dir selbst Vorwürfe zu machen, nicht richtig gehandelt, Dinge nicht richtig getan oder andere verletzt zu haben, wäre es stattdessen besser, dir selbst Verständnis entgegenzubringen. Auch das Gefühl, nicht gut genug zu sein oder etwas Bestimmtes unterlassen zu haben, solltest du zugunsten deines inneren Friedens loslassen. Fang an, deinen seelischen Ballast, den du mit dir herumträgst und der dich von einem glücklichen und zufriedenen Leben und deiner Selbstliebe abhält, loszulassen. Stehe zu dem, was geschehen ist, und mach dir bewusst, dass du zu jeder Zeit dein Bestes gegeben hast und es damals einfach nicht besser wusstest.

An dieser Stelle möchte ich dich noch einmal an Kintsugi erinnern, wo bei der Reparatur nicht der Bruch verborgen werden soll, sondern vielmehr der Makel betont und herausgestellt wird. Aufgrund der Reparatur ist der Gegenstand wertvoller als je zuvor. Wenn du es schaffst, auch deine Erlebnisse, Erfahrungen, deinen Umgang mit ihnen und dir selbst als wertvolle Lektionen, Erkenntnisse und als Bereicherung zu erkennen, aus denen du etwas gelernt hast, statt dich weiter selbst zu kritisieren oder schlecht zu fühlen, entsteht aus Zerbrochenem etwas wunderschönes Authentisches, mit einem eigenen besonderen Charakter, das gerade aufgrund seiner Reparatur wertvoller ist als je zuvor. Das Wunderbare daran ist, dass du durch das Zusammenfügen und Annehmen deiner Erfahrungen und Erkenntnisse einen einzigartigen, wertvollen Schatz mit dir trägst, der dich zu etwas ganz Besonderem macht.

„Deine schlechten Gefühle dir selbst gegenüber entstehen nur durch deine Bewertung. Sie entscheidet über dein Glück oder Unglück, über schlechte, belastende oder gute, liebevolle Gefühle."

„Wenn du es schaffst loszulassen, hast du beide Hände frei, um dein Leben liebevoll neu zu gestalten."

Tipps, wie es dir gelingen kann, loszulassen, findest du im Kapitel „Rituale des Vergebens und Loslassens".

Wünsche und Bedürfnisse

Ein Wunsch ist die Hoffnung auf Veränderung. Damit erwarten wir, etwas zu erhalten, was sich noch nicht in unserem Leben manifestiert hat. Die Erfüllung unserer Wünsche kann uns dann glücklich und zufrieden machen, wenn hinter dem Wunsch kein Mangelbedürfnis steckt. Wenn ich zum Beispiel den Wunsch habe, mir ständig die neuste Kleidung zu kaufen, und dahinter ein Mangel an Anerkennung, eine Ersatzbefriedigung oder die Stillung eines Einsamkeitsgefühls steckt, sollten wir darauf achten, das Bedürfnis, das hinter dem Wunsch steckt, wahrzunehmen und uns dieses Bedürfnis erfüllen. Vielleicht fehlt dem ein oder anderen die Erfüllung des Bedürfnisses nach Liebe, Achtung, Anerkennung und Wertschätzung, nach Wohlbefinden und Sicherheit, nach Geborgenheit, Zuwendung und Liebe. Dies kann mit die Ursache für ein Gefühl der Unzufriedenheit sein, für den Gedanken, war das alles, oder das Gefühl, sich nicht geliebt zu fühlen. Aus diesem Mangelgefühl heraus entsteht oft ein langer Leidensweg mit einer langen Suche danach, dieses Mangelgefühl durch Ersatzbefriedigungen oder von außen erfüllt zu bekommen. Deshalb ist es wichtig, uns dieser Wünsche und Bedürfnisse bewusst zu werden.

Bringe deine Wünsche ans Tageslicht

Viele von uns wissen oft gar nicht mehr, was sie eigentlich selbst wollen und welche Wünsche sie haben. Häufig lassen wir uns mit unseren Wünschen und Bedürfnissen von außen beeinflussen. Zum Beispiel durch Medien, die uns zeigen, dass wir nur mit ihrem Produkt wirklich glücklich werden können, und dies auch werden, wenn wir es kaufen. Wenn wir uns darauf einlassen, verpufft die Anfangsfreude aber schnell wieder und übrig bleibt häufig ein schales Gefühl. So halten wir weiter Ausschau nach außen und den To-dos oder den nächsten Produkten, die versprechen, glücklich und zufrieden zu machen. Häufig wird der Slogan benutzt: „Wenn wir es uns selbst wert sind, dann kaufen wir dieses Produkt." Weil wir uns ja selbst etwas wert sein wollen, uns selbst etwas Gutes tun wollen und uns selbst lieben und uns liebevoll behandeln wollen, werden wir so leicht verführt, etwas zu kaufen und zu tun, was verspricht, uns glücklich zu machen. Doch häufig füllen wir damit nur unsere innere Leere. Deshalb ist es wichtig herauszufinden, was wir selbst uns wünschen. Nicht Lehrer, Freunde, Eltern, Arbeitskollegen, Nachbarn, die Medien usw. sollten dies bestimmen, sondern wir selbst.

Wenn du also, falls du es noch nicht weißt, herausfinden willst, was du dir wirklich aus deinem tiefsten Herzen und deiner Seele heraus wünschst, und anfängst, dich selbst glücklich zu machen, indem du dich wichtig nimmst und beginnst, dir jetzt das zu geben, was dich erfüllt, kann diese Leere, dieses leise Nagen, dieses War-das-alles, dieses Eigentlich-wollte-ich leiser werden und sich auflösen. Erst dann besteht die Möglichkeit, sich wirklich erfüllt und geliebt zu fühlen.

> *„Bringe deine Wünsche ans Tageslicht, selbst dann, wenn sie gerade nicht erfüllbar sind, nur so bist du ehrlich zu dir. Lass nicht zu, dass sie weiter verschüttet und unbeachtet bleiben. Oder dass du neu entstandene Wünsche verschüttest oder verleugnest."*

Wenn du deinen Wünschen erlaubst, da zu sein, wirst du dich selbst besser kennenlernen. Du wirst mehr und mehr wahrnehmen, welcher Mensch du eigentlich bist und sein kannst. Wünsche zeigen dir deine Bedürfnisse und deine Träume auf. Bist du bereit, dich auf deine Wünsche zu konzentrieren und etwas für ihre Erfüllung zu tun, wirst du auch in deiner persönlichen Entwicklung wachsen und deine Liebe zu dir selbst wird gestärkt.

> *„Wünsche helfen uns, uns selbst zu verwirklichen."*

Wenn du dagegen deine eigenen Wünsche nicht wahrnimmst, kennst oder ihnen erlaubst, da zu sein, lässt du dein Leben von außen bestimmen. Dies verursacht oft Unzufriedenheit und das ungewisse Gefühl, dass etwas fehlt, nämlich deine Liebe zu dir selbst. Somit ist, sich eigene Wünsche zu erfüllen, ein wichtiger Ausdruck von Selbstliebe. Je mehr du dir selbst wert bist und je mehr positive Erfahrungen du in deiner Selbstwirksamkeit sammelst, desto besser wirst du dich um dich kümmern.

„Lass dich nicht von anderen aufhalten, für dich selbst da zu sein. Ihre Zweifel sind ihre, nicht deine!“

Sich seiner Wünsche bewusst zu werden und die darauffolgende Wunscherfüllung ist eine ausgezeichnete Methode, um ein glückliches, zufriedenes und liebevolles Leben zu führen. Dadurch, dass du deine eigenen Wünsche wichtig nimmst und bereit bist, etwas für deren Erfüllung zu tun, fühlst du dich selbst wichtiger und wertvoller. Dies ist ein wichtiger Bestandteil von mehr Selbstliebe.

Sich Wünsche zu erfüllen, ist besonders wichtig. Denn wenn wir unseren Bedürfnissen in Bezug auf unsere Wunscherfüllung nicht nachgehen, zeigt sich das zum Beispiel darin, dass wir unzufrieden sind und uns ungeliebt fühlen. Wir befinden uns somit wieder in einem Mangelzustand, der neben seelischen auch die verschiedensten körperlichen Probleme auslösen kann.

Erfülle dir deine Wünsche

„Dir Wünsche zu erfüllen, wird deine Lebensqualität enorm steigern."

Bestimmt hast du als Kind beim Ausblasen deiner Geburtstagskerzen schon einmal einen oder mehrere Wünsche losgeschickt. Vielleicht hast du das aber auch beim Anblick einer Sternschnuppe getan. In den meisten Fällen hieß es dann, dass man seinen Wunsch auf keinen Fall verraten darf, da er sonst nicht in Erfüllung geht. Ich bin der Meinung, dass das Gegenteil der Fall ist. Wenn wir uns als Kind zum Beispiel ein bestimmtes Spielzeug gewünscht haben, es aber niemandem verraten haben, wie sollte unsere Umgebung dann von unserem Wunsch wissen. Die Folge dessen war dann lediglich Enttäuschung, weil sich unser Wunsch nicht erfüllt hat.

Mir selbst ist es öfter so ergangen, dass ich bei meinen Ausführungen über meine Wünsche öfter gehört habe: „Ich finde, man muss zufrieden sein mit dem, was man hat." Ich merkte dabei immer, dass mich das richtig wütend machte. Ich sollte also so tun, als ob ich meine Wünsche nicht hätte und zufrieden sein mit dem, was ich hatte. Ich dachte dabei: „Ich bin aber nicht zufrieden, ich will mehr, ich will leben, ich bin doch nicht jetzt schon gestorben, ich will auf keinen Fall, dass mein Leben tagtäglich gleich aussieht und nur so dahinplätschert." Ich wollte spüren, dass ich lebe, und ich wollte meine Träume realisieren. Versteh mich bitte nicht falsch, natürlich ist es wichtig, dem, was wir bereits im Leben haben, Dankbarkeit und Wertschätzung entgegenzubringen. Trotzdem sollten wir uns nicht verpflichtet dazu fühlen, immer alles auf dem Status quo zu belassen. Wenn jeder Mensch immer mit dem Status quo, also mit dem gegenwärtigen Zustand, zufrieden gewesen wäre, würden wir wohl heute immer noch bestenfalls in Höhlen wohnen. Wir hätten keine Glühbirnen, keine Autos, keine Flugzeuge, keine Krankenhäuser und so weiter.

Heute weiß ich, dass diese Aussage, wir sollten zufrieden sein mit dem, was wir haben, nichts mit mir, sondern vielmehr mit den Glaubenssätzen der Personen, die dies zu mir sagten, zu tun hatte. Hier können wir uns die Frage stellen, ob diese Menschen wirklich zufrieden sind mit dem, was sie haben, und damit, den gegenwärtigen Zustand niemals mehr zu verändern, oder ob sie nur gelernt haben, ihre Wünsche erfolgreich zu verdrängen und sich anzupassen.

Denken wir an dieser Stelle noch einmal an die Geschichte des kleinen Mädchens, das als erwachsene Frau eigentlich lieber Abenteuer erleben würde, als mit den Freundinnen ins Yogastudio zu gehen. Sie träumt davon, mit dem Rucksack um die Welt zu reisen, klettern zu gehen, einen Kampfsport oder Barrensport machen. Stell dir vor, sie hat ihre Träume noch nicht ganz vergraben und sie spricht ihre Wünsche anderen gegenüber aus, sie spricht von ihren Träumen und ihren Bedürfnissen, die aus dem Inneren ihrer Seele und aus tiefstem Herzen kommen, und sie bekommt Sätze zur Antwort wie: „Du hast ja überhaupt keinen Grund, unzufrieden zu sein, du hast doch alles. Und überhaupt, Yoga ist gesund, sei froh, das gemeinsam mit deinen Freundinnen machen zu können." Glaubst du, dass sie dann sagt: „O.k., du hast recht, ich bin jetzt glücklich mit dem, was ich habe"? Denkst du wirklich, dass dieser Wunsch dann verschwindet? Ist es nicht vielmehr so, dass er zugedeckt und vergraben wird und sich so womöglich zu einem Schattenthema entwickelt? Sie wird sich dann allenfalls etwas traurig fühlen oder sie wird merken, dass ihr etwas fehlt, mit der Zeit hat sie vor lauter Verdrängung eventuell völlig vergessen, was die Ursache für ihr Nichtwohl- oder Unglücklichsein ist. Sie wird dann nicht mehr sagen können, warum sie sich ungeliebt fühlt. Sie wird eher an sich selbst zweifeln, weil sie doch augenscheinlich alles hat.

Achte auf dich und nimm deine Bedürfnisse und Wünsche ernst. Du allein bist es, die darüber entscheiden sollte, welche Wünsche für dich wichtig sind. Die praktische Umsetzung zum Entdecken und Umsetzen von Wünschen findest du in dem Kapitel „Wünsche wahrnehmen, erkennen und erfüllen".

„Trenne dich nie von deinen Illusionen und Träumen. Wenn sie verschwunden sind, wirst du weiter existieren, aber aufgehört haben zu leben."

- Mark Twain -

Achtsamkeit

Geht es dir auch manchmal so, dass du von einem Termin zum anderen hetzt oder mehrere Dinge gleichzeitig tust? Wenn du Frühstück machst, bist du gedanklich schon bei deiner Einkaufsliste. Auf dem Weg zur Arbeit gehst du in Gedanken schon einmal deine To-do-Liste durch. Während du kochst, telefonierst du, während des Essens bist du in den sozialen Medien oder du wirst in deinem Tun ständig von anderem abgelenkt, und zum Schluss hast du nur weniges wirklich fertig gemacht.

Durch dieses gedankliche Vorwegnehmen und Nicht-bei-der-Sache-Sein nehmen wir den gegenwärtigen Augenblick selten richtig wahr. Unsere Handlungen laufen automatisch ab. Genauso ist es aber auch mit unseren Gedanken über uns, wir beschimpfen uns, ohne dies bewusst wahrzunehmen. Dabei gehen wir alles andere als feinfühlig mit uns um und von Selbstliebe fehlt in diesem Hamsterrad oft jede Spur. Übrig bleibt aber doch ein schales Gefühl, in dem wir uns oft ungenügend fühlen. Abends fallen wir dann ausgelaugt und müde ins Bett und haben das Gefühl, dass uns etwas fehlt, oder wir fragen uns, ob das jetzt alles in unserem Leben gewesen sein soll. Möglicherweise denkst du aber auch schon wieder an die To-do-Liste von morgen. Vielleicht aber wünschst du dir endlich einmal genug Anerkennung und Liebe für das, was du alles leistest.

Achtsamkeit soll uns dabei unterstützen, mit unserer Wahrnehmung wieder mehr Momente zu erleben, in denen wir mit unseren Gedanken und unserer Aufmerksamkeit im Hier und Jetzt sind. Dies bedeutet das bewusste Wahrnehmen des Momentes. Achtsamkeit stammt ursprünglich aus dem Buddhismus und ist eine Form der Meditation. Sie unterstützt uns, den Moment bewusst zu erleben und dabei wahrzunehmen, was gerade ist. Diese besondere Form der Aufmerksamkeit soll nicht nur den Stressspiegel verbessern, sondern auch die körperliche Gesundheit und die Konzentrationsfähigkeit. Mit Hilfe von Achtsamkeit nimmst du deine Gefühle, Gedanken und Körperempfindungen besser wahr, und durch das Integrieren der Achtsamkeit in deinen Tagesablauf kannst du Stress abbauen und dein Wohlbefinden fördern. Dadurch gelingt es dir besser, mehr positive Gefühle für dich zu entwickeln und dich somit mehr selbst zu lieben.

„Achtsamkeit unterstützt dich bei einer liebevollen Beziehung zu dir selbst."

Durch dieses Bewusstwerden deiner Gedanken und Gefühle fällt es dir leichter, aus deinem gedanklichen und alltäglichen Hamsterrad herauszukommen. Denn erst durch dieses Bewusstwerden hast du die Möglichkeit, deinen Gedanken und Handlungsweisen eine neue Richtung zu geben.

„Achtsamkeit bedeutet, sich vollkommen im gegenwärtigen Moment zu befinden und uns von nichts im Außen ablenken zu lassen."

Bei welchen Tätigkeiten gelingt es dir, vollkommen im gegenwärtigen Moment zu versinken? Welche Augenblicke gibt es, in denen du kompromisslos bei dir bist? In welchen Momenten wandern deine Gedanken nicht zu Vergangenem oder Zukünftigem?

Schließe jetzt kurz deine Augen und versuche dir solcher Momente bewusst zu werden. Dies müssen keine meditativen Momente sein, es können auch aktive Handlungen sein, wichtig dabei ist das gegenwärtige Wahrnehmen dieser Augenblicke.

In der Geschichte des Mädchens, das Handstand macht und Purzelbäume schlägt, ist dieses Üben ein achtsamer Moment. Das Mädchen ist dabei ganz bei der Sache, es lebt in diesem Moment des Tuns und Übens vollkommen in der Gegenwart. Es tut dabei nichts anderes als Handstand und Purzelbäume machen und seine körperlichen Fähigkeiten dabei wahrzunehmen.

Dagegen ist der Moment, in dem das Mädchen mit den braunen Locken, seinen grünen strahlenden Augen und seinem Blümchenkleid vor dem Haus auf einer Bank sitzt und genüsslich und zufrieden an seiner Süßigkeit lutscht, während die Füße in einem Eimer voller Wasser stecken und darin plantschen, ein eher meditativer, ruhiger Moment. Doch auch dabei lebt das Mädchen vollkommen in der Gegenwart und genießt.

Kleine Kinder sind, bevor sie es verlernen, Meister darin, im gegenwärtigen Moment zu leben. Sie fragen sich dabei weder, ob sie gerade gut genug und liebenswert sind, noch denken sie an die Folgen ihres Tuns oder daran, was sie später noch tun sollten.

Wenn auch du es schaffst, mehr Momente in dein Leben zu integrieren, in denen du vollkommen in der Gegenwart lebst, kannst du so mehr Augenblicke vollkommener Zufriedenheit erleben.

> *„Diese Momente, in denen wir vollkommen in unserem Tun versinken und die Gedanken vorüberziehen lassen, sind einige der schönsten."*

Aber auch das Wahrnehmen deiner gegenwärtigen Bedürfnisse, Emotionen und Gedanken ist von großer Wichtigkeit. Erst dadurch kann es dir gelingen, aus der Bewertungsfalle von gut oder schlecht auszusteigen. Dies verhilft dir zu einem achtsameren und feinfühligeren Umgang mit dir selbst.

Erfahre mehr Selbstliebe, indem du achtsamer und feinfühliger mit dir umgehst. Du kannst kurze Achtsamkeitsübungen in deinen Alltag integrieren. Dies hilft dir, dich selbst und deine Bedürfnisse besser wahrzunehmen und dich nicht ständig zu verurteilen. Zudem erhöht es dein Mitgefühl für dich selbst. Des Weiteren bemerkst du früher, wenn du in alte, dir nicht dienliche Verhaltensmuster zurückfällst.

Zweiter Teil

Rituale und Handlungsweisen

Bei den folgenden Ritualen und Anregungen für mehr Selbstliebe geht es nicht nur um Schaumbäder, Massagen und Wohlfühlzeremonien. Die hier vorgestellten Rituale und Anregungen sind viel tiefgreifender als oberflächliche Selbstlieberituale. Sie sollen dir den Weg zu ehrlicher und wahrhaftiger Selbstliebe öffnen und dich somit unterstützen, dich auf den Weg in Richtung vollkommener Selbstannahme zu machen. Vollkommene Selbstannahme ist allerdings ein sehr hohes Ziel, das wohl nur wenige von uns erreichen werden. Denn es wird immer wieder Situationen geben, bei denen wir an uns zweifeln oder wir unseren Bedürfnissen nicht nachgehen können. Diese vollkommende Selbstannahme ist wohl nur einigen Mönchen vorbehalten, die nicht in unserer Alltagswelt leben. Dennoch kann uns der Weg dorthin emotional befreien und uns das Leben und unseren Alltag leichter machen. Indem wir diesen Weg gehen und uns somit Tag für Tag selbst mit all unseren von uns erwünschten, aber auch bisher unterdrückten Emotionen und Verhaltensweisen mehr annehmen und akzeptieren können, ohne uns selbst in irgendeiner Art und Weise schlechtzumachen, werden wir uns nach und nach mit wohlwollenderen Augen betrachten und uns so mehr Liebe schenken können.

Nun wünsche ich dir, dass du bei den folgenden Vorschlägen, Inspirationen, Ritualen und Anregungen etwas findest, was dir entspricht.

Etwas, bei dem du spürst, ja, das fühlt sich richtig für mich an, das ist mein Weg, das brauche ich. Zugleich wünsche ich dir Mut dabei, auch etwas umzusetzen, was sich vielleicht etwas befremdlich für dich anfühlt. Oft sind es genau diese Dinge, die wir tun sollten, denn nur so können wir aus unseren bisherigen Gewohnheiten aussteigen und neue Wege entdecken. Wege zu mehr Selbstliebe, Zufriedenheit und Glück.

Selbstkritik stoppen

Erinnerst du dich noch an die erste Geschichte des kleinen Mädchens und welche Gefühle du bei ihm beobachten konntest? Wenn du dich dabei ertappst, dass du so, wie die Mutter in der Geschichte mit dem kleinen Mädchen sprach, mit dir selbst sprichst, dann beende dieses kritische Selbstgespräch sofort. Denn dieses kleine Mädchen gibt es auch noch in dir. Man nennt dies das innere Kind. Ändere deine Taktik, indem du an die zweite Geschichte des kleinen Mädchens denkst. Die, in der die Mutter seine schmutzigen Fußspuren als Abenteuerfußspuren bezeichnet. Sprich selbst liebevoll mit dir. Versuche dein Missgeschick, deinen Fehler oder weshalb auch immer du dich gerade beschimpft hast, wohlwollend und liebevoll zu betrachten. Wie wenn du mit einem kleinen verletzlichen Mädchen sprechen würdest. Mit großer Wahrscheinlichkeit ist das, weshalb du dich gerade beschimpfst, gar nicht so schlimm oder es gibt eine Lösung dafür.

Tue dies immer, wenn du es bemerkst. Was du auf keinen Fall tun solltest, ist, dich zu verurteilen, wenn du bemerkst, dass du schon wieder abwertend mit dir sprichst. Sei bitte milde zu dir, lobe dich stattdessen jedes Mal, wenn es dir aufgefallen ist.

Die Definition des inneren Kindes laut Wikipedia:

„Das innere Kind ist das Modell für eine Betrachtungsweise innerer Erlebniswelten. Es bezeichnet und symbolisiert die im Gehirn gespeicherten Gefühle, Erinnerungen und Erfahrungen aus der eigenen Kindheit."

Dieses innere Kind nehmen wir mit in unsere Erwachsenenwelt. Die Erlebnisse unserer Kindheit, die fehlende oder mangelhafte Erfüllung unserer Wünsche und Bedürfnisse sowie die Enttäuschungen aus unserer Kindheit bestimmen oft heute noch über unser Wohlergehen und können unserer Selbstliebe uns gegenüber im Wege stehen.

Achte einen Tag lang darauf, wie du mit dir sprichst

Nimm dir einen Tag Zeit und beobachte, wie oft du dich selbst kritisierst oder beschimpfst. Wie häufig am Tag bist du in der Selbstbewertung? Welche negativen Gedanken fallen dir auf?

Fallen dir Sätze wie diese auf?

- Jetzt habe ich das schon wieder nicht geschafft!
- Ich bin auch zu blöd!
- Wieso habe ich schon wieder nicht meine Meinung gesagt?
- Das Essen schmeckt nicht, nicht einmal kochen kann ich!
- Ein paar Kilo weniger würden mir auch nicht schaden!
- Ich kann aber auch gar nichts!
- Das kann auch nur mir passieren!

Versuche immer, wenn du solche Gedanken bemerkst, sie durch positive zu ersetzen.

Gedanken für liebevolle Selbstgespräche:

- Das kann jedem mal passieren!
- Ich bin in Ordnung, so wie ich bin!
- Es gelingt mir immer öfter, meine Meinung zu sagen.

- Knödel machen liegt mir noch nicht, dafür ist mein Gulasch einfach umwerfend lecker.
- Manchmal nehme ich mir einfach zu viel vor, den Rest kann ich auch morgen noch machen.

„Achte auf deine Gedanken, denn sie entscheiden über dein Wohlergehen, dein Glücksgefühl und deine Fähigkeit, dich selbst zu lieben."

Die innere Kritikerin wird sich nicht immer stoppen lassen, doch du wirst sie besser wahrnehmen. Wenn sie spricht, kannst du dir auch die Frage stellen, ob dieser Gedanke wirklich wahr ist oder ob er nur ein verinnerlichter und erlernter Glaubenssatz aus deiner Kindheit ist.

Du kannst dir immer wieder einmal bewusst einen Tag dafür Zeit nehmen, darauf zu achten, wie du mit dir sprichst. Durch Wiederholung wird es dir immer öfter gelingen, deine negativen Gedanken dir selbst gegenüber wahrzunehmen. So hast du häufiger die Möglichkeit, sie durch positive und liebevolle Sätze zu ersetzen. Je öfter dir das gelingt, desto selbstverständlicher wird es mit der Zeit für dich.

„Liebevoll mit dir zu sprechen ist ein Ausdruck von Selbstliebe."

Schattenanteile annehmen und integrieren

Unsere Schattenanteile können uns dadurch bewusst werden, dass wir darauf achten, welche Charakterzüge und Verhaltensweisen wir an anderen Menschen besonders stark ablehnen. Oft haben wir genau diese Anteile in uns unterdrückt.

Wenn du also ziemlich heftig auf einen Charakterzug oder eine Handlungsweise eines anderen Menschen reagierst, kannst du dich fragen: „Warum ärgert mich das so?“ oder „Was hat das mit mir zu tun?“ „Aus welchen Gedanken und Glaubenssätzen heraus lasse ich bei mir so ein Verhalten oder solch einen Charakterzug nicht zu?“ „Was habe ich diesbezüglich unterdrückt?“ Die Menschen und Situationen, die große negative Emotionalität wie Ärger in dir auslösen, triggern etwas in dir. Indem du in solchen Situationen nicht den anderen Menschen die Schuld zuweist, sondern bereit bist hinzusehen, wo hier einer deiner Anteile im Schattenbereich ist, kannst du anfangen, dir dieser bewusst zu werden. Dabei ist es wichtig, dass du ehrlich daran interessiert bist, deine Schattenanteile aufzudecken, weil sonst die Gefahr besteht, es nicht sehen zu wollen und du dadurch nichts findest. Du kannst auch einen vertrauten Menschen um seine ehrliche Meinung bitten, mach dir dabei aber vorher unbedingt bewusst, ob du bereit bist, diese Meinung auch dann zu hören, wenn sie nicht deinen Erwartungen entsprechen wird.

Dieses Vorgehen kann ein Weg sein, deine Schattenanteile wahrzunehmen, und wenn du bereit bist, kannst du sie Stück für Stück mit der Kunst des Kintsugi in dein Bewusstsein und dein Leben integrieren. Das soll nicht bedeuten, dass du ab sofort alle abgelehnten Teile eins zu eins von anderen übernehmen sollst. Wenn zum Beispiel jemand ständig Wutanfälle hat, musst du nicht auch welche haben. Du kannst aber überlegen, bei welchen Situationen du deine eigene Wut unterdrückst und nicht lebst. Der nächste Schritt wäre dann zu überlegen, wie es dir möglich ist, deiner Wut Ausdruck zu verleihen. Du kannst zum Beispiel bei der nächsten Situation sagen: „Das hat mich wütend gemacht“, und im nächsten Schritt auch begründen, warum das so ist, wie zum Beispiel: „Ich habe mich übergangen gefühlt“ oder „Ich habe mich ungerecht behandelt gefühlt“. Wichtig hierbei ist deine Bereitschaft, ehrlich zu dir selbst zu sein und deine unterdrückten Anteile wirklich sehen zu wollen.

In der Regel kannst du deinen Schattenanteilen auf die Spur kommen, wenn du dir bewusst machst, bei welchen Situationen du emotional überreagierst, etwas stark verurteilst oder extrem ablehnst. Wären hier keine Schattenanteile für das jeweilige Geschehen in dir, würdest du die jeweilige Begebenheit lediglich wahrnehmen.

„Mach dir bewusst, dass die Dinge, die du im Außen wahrnimmst und deine Beurteilung darüber immer mit dir selbst zusammenhängen.“

Durch die Beschäftigung mit deiner inneren Kritikerin, durch das Schreiben der Morgenseiten und durch das Bewusstwerden deiner Wünsche und Bedürfnisse ist es dir möglich, weitere Schattenanteile aufzudecken und zu integrieren.

„Wenn du lernst, dich vollkommen anzunehmen, und mit dir selbst zufrieden bist, wachsen dein Selbstwert und deine Selbstliebe wie von allein.“

Bei schwerwiegenden Traumata ist es sehr wichtig, dir professionelle Hilfe zu suchen und diese Schritte keinesfalls allein anzugehen. Hol dir außerdem Unterstützung, wenn du in irgendeiner Art und Weise fühlst oder meinst, das Aufdecken deiner Schattenseiten nicht allein bewältigen zu können.

Glaubenssätze aufdecken und entkräften

Damit Glaubenssätze deinen Erfolg, dich selbst zu lieben, nicht negativ beeinflussen können, ist es wichtig, dir ihrer bewusst zu werden und diese aufzudecken.

Folgende Glaubenssätze können dich daran hindern, dich selbst zu lieben:

- Ich bin nicht schön genug.
- Ich bin nicht intelligent genug.
- Das kann ich nicht.
- Ich bin nicht liebenswert.
- Selbstlob stinkt.
- Sich selbst zu lieben ist purer Egoismus.
- Selbstliebe ist narzisstisch.
- Um liebenswert zu sein, muss ich perfekt sein.
- Mich selbst lieben, so wichtig bin ich auch wieder nicht.
- Damit ich mich selbst lieben kann, muss ich erst etwas erreicht haben.

- Damit ich mich selbst lieben kann, benötige ich Anerkennung von außen.

Trifft einer oder mehrerer dieser Glaubenssätze auf dich zu? Was glaubst du noch über dich? Um dies herauszufinden, können dir auch die Morgenseiten oder die Achtsamkeitsübungen behilflich sein. Mach dir am besten eine Liste deiner nicht dienlichen Glaubenssätze.

Nun prüfe diese Gedanken auf ihren Wahrheitsgehalt. Stell dir dabei folgende Fragen: Stimmt dieser Gedanke? Welche Gefühle löst er bei dir aus? Ist er wirklich wahr? Fühlt sich dieser Gedanke richtig an? Woher kommt dieser Gedanke? Wer hat mir das vermittelt? Durch welches Erlebnis und welche Erfahrungen glaube ich das? Gibt es Gegenbeweise? Suche hierbei vor allem nach Gegenbeweisen. Schreibe dir diese auf!

Ein Glaubenssatz könnte zum Beispiel sein: „Ich bin ein Tollpatsch." Hast du zum Beispiel als Kind hin und wieder etwas umgeworfen, wie etwa dein Glas während des Essens, und dir wurde deshalb wiederholt und vielleicht auch genervt gesagt, du seist ein Tollpatsch, hast du diesen Glaubenssatz mit ziemlicher Wahrscheinlichkeit verinnerlicht. Dadurch, dass du ihn wiederholt gehört hast, wirst du seine Richtigkeit nicht mehr anzweifeln. Im Gegenteil, du wirst in deinem späteren Leben nach Beweisen gesucht haben, die diesen Glaubenssatz bestätigen, und dich dann bei jeder Gelegenheit selbst gedanklich als Tollpatsch bezeichnen. Hier spricht wieder deine innere Kritikerin. Hat diese wirklich recht? Sicherlich gibt es viel mehr Gegebenheiten, in denen alles klappt. Nur deine Aufmerksamkeit ist auf deine angebliche Tollpatschigkeit gelenkt und deshalb nimmst du nur deine Missgeschicke wahr. Ein weiterer Glaubenssatz könnte sein: „Ich bin wertlos." Wenn du den Glaubenssatz hast, wertlos zu sein, steht dieser deinem Wunsch, dich selbst zu lieben, entgegen.

Behältst du diesen Glaubenssatz dann bei, wirst du unbewusst weitere Gründe finden, die diesen Glaubenssatz bestätigen. Damit sich dein Wunsch, dich selbst zu lieben, erfüllt, ist es deshalb wichtig, aktiv nach Argumenten zu suchen, die diesen Glaubenssatz widerlegen.

Um den Glaubenssatz „Ich bin wertlos“ zu entkräften, suche Gegenbeweise, indem du dir folgende Fragen stellst:

- Was kann ich gut?
- Was habe ich bereits alles gelernt?
- Was schätzen andere Menschen an mir?
- Welche Charakterzüge an mir mag ich?
- Was habe ich bereits alles erreicht?
- Welche Prüfungen habe ich bestanden?

„Glaubenssätze sind etwas, was du glaubst, sie sind keine unwiderrufliche Wahrheit. Schließlich heißen sie Glaubenssätze und nicht Wahrheitssätze.“

Suche diese Gegenbeweise immer dann, wenn du einen hinderlichen Glaubenssatz entdeckst. Mach dir auf keinen Fall Vorwürfe, wenn du dies nicht immer schaffst. Schließlich spricht unsere innere Kritikerin oft unerlässlich. Lobe dich lieber dafür, dass es dir aufgefallen ist. Wichtig ist nur, dir immer wieder Zeit dafür zu nehmen. Für den Fall, dass du einmal keine Gegenbeweise entdeckst, pflege einen liebevollen Umgang mit dir, denke immer daran, du musst nicht alles können. Es gibt niemanden auf der ganzen Welt, der alles kann. Du holst dir deine Brötchen beim Bäcker, lässt dir deine Haare beim

Frisör schneiden und fährst dein Auto zur Werkstatt. Sicherlich gehst du nicht zum Frisör und fragst, ob er dein Auto reparieren kann, du weißt, dass das nicht sein Fachgebiet ist, und würdest ihm auch niemals Vorwürfe machen, ihn beschimpfen und beleidigen, weil er das nicht kann. Wieso also solltest du dir selbst Vorwürfe machen, wenn du etwas nicht kannst oder nicht gut kannst? Weshalb solltest du dich selbst wegen angeblicher Unzulänglichkeiten beschimpfen? Auch du musst nicht alles können und trotzdem bist du gut genug. Um herauszufinden, was du gut kannst, kann dir das Kapitel „Erfolgsjournal" weiterhelfen.

Ich möchte dir noch ein paar weitere Beispiele geben. Vielleicht kannst auch du gut Haare schneiden, gut backen oder kochen, eventuell bist du eine gute Zuhörerin oder du bist gut organisiert, möglicherweise spielst du ein Instrument oder erklimmst die höchsten Berge. Vielleicht bist du eine gute Freundin. Vielleicht gelingt es dir, ein gemütliches Zuhause zu erschaffen, oder du bist eine gute Gastgeberin. Vielleicht bist du beruflich sehr erfolgreich. Denke nicht, dass das alles nichts Besonderes ist. Vielleicht neigst auch du dazu, etwas, was du gut kannst, nicht genug wertzuschätzen, weil dir das leicht und selbstverständlich erscheint.

„Du bist wertvoll."

Erschaffe dir ein positives Umfeld

Mit dem folgenden Vorgehen kannst du dir bewusst machen, welche Personen in deinem Umfeld förderlich für deine Selbstliebe sind und welche dich eher daran hindern, in Einklang mit dir selbst zu sein. Hierbei sollst du dich aber nicht nur auf die bereits erwähnten fünf Personen begrenzen, sondern vielmehr alle Menschen in deiner Umgebung betrachten.

Erstelle hierzu eine Liste mit allen Menschen, von denen du in deinem Leben umgeben bist. Schreibe dazu alle Namen untereinander. Nun gehe jeden Namen einzeln durch und überlege dir, wie du dich mit dieser Person fühlst. Tut sie dir gut? Wie fühlst du dich in deren Gegenwart? Löst diese Person negative Gefühle in dir aus? Bei Bedarf kannst du dir die Liste aus dem Kapitel „Achte auf die Personen in deinem Umfeld" zur Hilfe nehmen. Wenn du alle Namen aufgeschrieben hast, nimm einen Stift mit deiner Lieblingsfarbe zur Hand und mach bei jeder Person, die dir guttut und dich bereichert, ein Sternchen. So machst du sichtbar, welche und wie viele Personen dich auf deinem Weg zu mehr Selbstliebe bereichern.

Nun gehst du folgendermaßen vor, du schenkst den Menschen, die ein Sternchen bekommen haben, mehr Zeit und diese Zeit ziehst du von den Menschen ab, die keines bekommen haben. Mach dies sehr bewusst. Das Ganze sollte allerdings nicht für Menschen gelten, die sich nur vorübergehend in einer schwierigen Situation befinden und ansonsten zu den Menschen mit Sternchen zählen. Diesen Menschen kannst du natürlich ein offenes Ohr und deine Unterstützung schenken. Achte aber dabei auf deine persönlichen Grenzen.

> *„Triff eine klare und bewusste Entscheidung für deine Selbstliebe, indem du dich mit Menschen umgibst, die dir guttun."*

Selbstverständlich können dabei Gewissensbisse auftreten. Vielleicht denkst du, das kann ich doch nicht machen, der ein oder andere Mensch hat doch so viel für mich getan. Verständlicherweise bist du diesen Menschen dafür dankbar. Doch haben diese Menschen damit wirklich das Recht erworben, über dich zu bestimmen und dein Leben negativ zu beeinflussen? Haben sie dadurch dauerhaft Anspruch auf deine Lebenszeit erworben? Hast du ihnen dies im Gegenzug versprochen?

Journaling

Journaling heißt wörtlich übersetzt Tagebuch schreiben. Doch bei dem hier beschriebenen Tagebuchschreiben geht es nicht um die täglichen Erlebnisse im Außen. Oder um die Verliebtheit eines Schulmädchens. Das Journaling, das hier gemeint ist, könnte man sozusagen als die erwachsene Form des Tagebuchschreibens bezeichnen. Journaling kann unterschiedliche positive Effekte auf dich haben, je nachdem, welchem Schreibstil du nachgehst und welches Ziel du verfolgst. Es gibt viele verschiedene Methoden des Journalings, drei davon möchte ich dir hier vorstellen.

Die Morgenseiten

Die ersten Erfahrungen, die ich mit Journaling gemacht habe, war die Methode von Julia Cameron, aus dem Buch „Der Weg des Künstlers".

Bei den Morgenseiten schreibst du drei Seiten ohne Abkürzungen wie etc., usw. und ohne Pause zu machen. In diesen Morgenseiten schreibst du alles auf, was dir gerade einfällt. Du musst dazu kein Schreibtalent besitzen. Es muss weder grammatisch richtig sein noch muss es sich besonders gut anhören. Es geht lediglich darum, deine Gedanken auf Papier zu bringen. Es können Sätze sein wie: „Eigentlich bin ich noch zu müde, ich weiß überhaupt nicht, was ich schreiben soll" oder „Mir ist kalt", „Ich brauche einen Kaffee", „Gestern war ich wohl wieder zu lange auf". Du kannst hier alles schreiben, was dir einfällt, deine Sorgen, deine Ängste, deine Wut, deine Trauer, was dich täglich belastet, was du gerne einmal wieder machen würdest, deine Träume und Wünsche. Du schreibst einfach deine Gedanken auf, du wirst merken, du denkst immer. Durch diese Technik lernst du dir beim Denken zuzuhören und deine Gedanken weniger zu bewerten. Folglich wirst du auch bemerken, was deine innere Kritikerin alles zu sagen hat.

All diese Gedanken wirbeln in der Regel den ganzen Tag durch deinen Kopf und belasten deinen Alltag. Durch das Aufschreiben wird es dir zudem gelingen, vieles loszulassen. Es wird dir leichterfallen, deine Gedanken und Gefühle von außen zu betrachten, und du wirst einige Aha-Erlebnisse haben. Dir wird auffallen, dass du dir oft überflüssige Sorgen machst und du wirst bemerken, wie oft deine innere Kritikerin Erlebnisse, Dinge und Begebenheiten schlechtmacht. Dieses Aufmerksamwerden gibt dir eine gute Möglichkeit, deine eigenen Emotionen besser zu verstehen und Belastendes loszulassen. Ferner wirst du im Alltag bemerken, dass du dich friedvoller fühlst und mehr positive Gedanken hast. Die Morgenseiten sind also eine gute Möglichkeit, Beklemmendes und Trauriges loszulassen, sich des Wirrwarrs und der Anfeindungen der inneren Kritikerin bewusst zu werden und mehr geistige Klarheit zu erlangen. Das Allerwichtigste dabei ist, du wirst dich mit der Zeit wohler fühlen und sich wohler zu fühlen ist ein wichtiger Schritt auf dem Weg zu mehr Selbstliebe.

„Indem du all deine Gedanken aufschreibst, ohne darüber nachzudenken, schaffst du Klarheit im Denken und Entlastung in deinen Gefühlen."

Wichtige Anhaltspunkte zum Schreiben der Morgenseiten:

- Mach dies unbedingt täglich und lass keine Ausreden gelten.
- Lass dabei Gedankensprünge zu, es muss kein flüssiger Text sein.
- Lies deine Morgenseiten die ersten acht Wochen auf keinen Fall selbst.
- Schreibe wirklich alles auf, was dir einfällt.
- Schreibe deine Morgenseiten, ohne Pause zu machen.

- Schreibe deine Morgenseiten unbedingt mit der Hand.
- Beginne direkt nach dem Aufwachen.

Lass auf keinen Fall zu, von deiner inneren Kritikerin zensiert zu werden. Selbst wenn du Gedanken hast wie: „Das kann man doch nicht schreiben, wenn das einer liest“ und so weiter, schreibe es auf. Die Morgenseiten sind sowieso nur für dich bestimmt.

Weitere positive Effekte der Morgenseiten:

- Du erkennst neue Lösungen für alte Probleme.
- Du entdeckst neue Möglichkeiten und Perspektiven.
- Du bekommst deinen Kopf frei und kannst positiver in den Tag starten.
- Flüchtige Gedanken werden dir bewusst und können so zu neuen Erkenntnissen führen.
- Dinge aufzuschreiben, die dich belasten, entlastet.
- Du lernst dich selbst besser kennen.

Du wirst nach einiger Zeit merken, dass du deine Gedanken weniger bewertest und verurteilst, dies ist ein wichtiger Schritt auf dem Weg zur Selbstliebe.

Dankbarkeitstagebuch

Mit dem Dankbarkeitstagebuch bin ich vor einigen Jahren auf einem Seminar zur Persönlichkeitsentwicklung in Berührung gekommen. In einem Dankbarkeitstagebuch schreibst du jeden Tag Dinge, Gegebenheiten, Begegnungen, Erlebnisse und Gefühle auf, für die du in deinem Leben dankbar bist. Dafür reichen schon fünf Minuten täglich. Du benötigst ein schönes Heft oder Buch, in das du jeden Tag etwas notierst, wofür du dankbar bist. Du kannst dir aber auch ein vorgefertigtes Ausfüllbuch für Dankbarkeit kaufen. Am besten ist es, du besorgst dir dafür noch schöne Stifte, um es auch farblich schön zu gestalten.

Sehr wichtig dabei ist, dass du das, was du schreibst, auch fühlst und es nicht nur schnell herunterschreibst, damit es erledigt ist. Nimm dir deshalb Zeit, um in dich hineinzuspüren, du kannst auch kurz die Augen schließen, um zur Ruhe zu kommen. Schreibe nun die Dinge auf, für die du wirkliche Dankbarkeit empfindest. Wenn dir das schwerfällt, kannst du dir überlegen, was dir fehlen würde, wenn es nicht mehr in deinem Leben wäre. Weil wir vieles in unserem Leben für selbstverständlich halten, haben wir oft verlernt, dies wertzuschätzen. Deshalb fällt es uns anfangs manchmal leichter zu überlegen, was wir vermissen würden.

Du kannst dir dabei vorstellen, wie ein Leben ohne Sonne und Schmetterlinge wäre oder wenn du dein Haus oder deine Wohnung verlieren würdest oder ein dir nahestehender Menschen sich entscheidet, nicht mehr in deinem Leben zu sein. Du kannst dabei aber auch an alltägliche Kleinigkeiten denken, die eigentlich selbstverständlich für dich sind.

„Echte Dankbarkeit erfüllt uns mit Ruhe und Zufriedenheit."

Durch Dankbarkeit ändert sich deine Wahrnehmung und deine Sicht auf die Dinge. Meist haben wir viel Positives im Leben, das ist uns nur oft nicht bewusst. In der Regel deshalb nicht, weil der Schwerpunkt unserer Gedanken auf den Problemen und unerfüllten Bedürfnissen liegt.

Durch das Ritual, das Dankbarkeitstagebuch zu schreiben, wirst du merken, was du schon alles in deinem Leben hast. Dadurch, dass du deine Aufmerksamkeit mehr auf die positiven Dinge in deinem Leben lenkst, ändert sich auch dein Blickwinkel. Das heißt nicht, dass du dich nie wieder schlecht fühlen wirst. Oder Belastendes und Negatives zudecken und leugnen sollst. Genauso wenig sollst du deine Wünsche und Bedürfnisse verleugnen. Doch wenn du deine Aufmerksamkeit darauf lenkst, was dir ein gutes Gefühl gibt und dich glücklich macht, wirst du auch dich selbst in einem positiveren Licht sehen und es fällt dir leichter, dich selbst wertzuschätzen und dich selbst zu lieben.

„Wenn du mehr Positives in dein Leben ziehen willst, sei dankbar für das, was du hast. Dankbarkeit hat die Kraft, alles zu verändern."

Du kannst dankbar sein für ...

- Erlebnisse, die dir ein gutes Gefühl geben
- nette Menschen in deinem Leben
- den Sonnenschein
- das Lachen von Kindern
- deinen Kaffee am Morgen
- die schönen Blumen in deinem Garten
- Komplimente, die du bekommst
- den Geschmack von Kuchen
- eine Arbeitsstelle zu haben, die dich ernährt
- dein Zuhause
- dein Essen

Danke dir auch selbst. Dafür, dass du ...

- eine gute Freundin oder Partnerin bist.
- freundlich zu anderen Menschen bist.
- eine gute Zuhörerin bist.
- nicht aufgibst.
- dich um deine Fitness kümmerst.
- dich gut um dich kümmerst.
- deine Bedürfnisse ernst nimmst.
- dir Wünsche erfüllst.
- viele Dinge gut kannst.
- etwas für deine Selbstliebe tust.

Weitere positive Effekte der Dankbarkeit:

- Dankbarkeit sorgt für eine bessere Stimmung.
- Dankbarkeit trainiert das Gehirn, mehr Positives wahrzunehmen.
- Dankbarkeit hilft, sich erfüllter zu fühlen.
- Dankbarkeit macht stressresilienter.
- Dankbarkeit fördert das Selbstbewusstsein und das Selbstwertgefühl.
- Dankbarkeit fördert das Wohlbefinden und die Lebensfreude.
- Dankbarkeit öffnet dein Herz für die schönen Dinge.
- Dankbarkeit erfüllt dich mit positiver Energie.

Es gibt sehr vieles in deinem Leben, wofür du dankbar sein kannst. Indem du Dankbarkeit praktizierst, wirst du dich nach und nach immer leichter und glücklicher fühlen. Liebe dich selbst und tue dir etwas Gutes, indem du Dankbarkeit in deinem Leben kultivierst.

> *„Mach dich selbst glücklich, indem du jeden Tag Gründe findest, für die du dankbar sein kannst."*

Erfolgsjournal

Ein Erfolgsjournal soll dir helfen, Ziele besser zu verfolgen und zu verwirklichen. Es unterstützt dich dabei, Vorgenommenes auch umzusetzen und positive Routinen in deinen Alltag mit einzubauen. Es gibt hier keine Norm für das einzig richtige Erfolgsjournal. Oft wird es dazu verwendet, finanzielle Ziele oder Business-Ziele zu verfolgen. Hier soll es dazu benutzt werden, deine Stärken besser wahrzunehmen und deinen Fokus neu auszurichten, und zwar auf die Dinge, die du gut kannst. Dieses Herausarbeiten und Vergegenwärtigen deiner Fähigkeiten und Stärken sowie das Bewusstmachen der positiven Dinge in deinem Leben wird dein Selbstwertgefühl stärken und wenn du weißt, dass du selbst etwas wert bist, wird es dir einfacher gelingen, dich selbst zu lieben. Dies gibt dir zudem die Möglichkeit, in deiner Persönlichkeit zu wachsen.

„Denke stets daran, alles, was du dir wünschst, ist bereits in dir.“

Es ist also ein Werkzeug für ein zufriedenes, erfülltes, ausgeglichenes und glückliches Leben voller Selbstliebe. Denn wenn du dich erfüllt und zufrieden fühlst und dir deine Stärken vergegenwärtigst, wird es dir leichterfallen, dich selbst rundum anzunehmen und dich selbst zu lieben.

Auch dazu gibt es viele verschiedene vorgefertigte Bücher zum Ausfüllen. Du kannst dir aber auch hier wieder selbst ein schönes Heft oder leeres Buch kaufen und dein eigenes Erfolgsjournal erstellen. Wichtig dabei ist es, dein Erfolgsjournal möglichst täglich auszufüllen und als Routine in deinen Tagesablauf zu integrieren. Du kannst dies gerne abends tun und dir deine Erfolge, die du im Laufe des Tages hattest, vergegenwärtigen. Hierbei ist es wichtig, auch kleine, scheinbar banale Dinge zu vermerken. Dadurch, dass du hier ausschließlich Erfolge zusammenträgst und deinen Blick dem Positiven zuwendest, wirst du Misserfolgen automatisch weniger Beachtung schenken.

Wichtig dabei ist:

- Schreibe täglich mindestens fünf Erfolgserlebnisse auf.
- Richte dabei den Blick auch auf scheinbar banale Dinge.
- Vergegenwärtige dir dabei noch einmal, wie du dich gefühlt hast.
- Sei stolz auf dich.

„Arbeite täglich mit deinem Erfolgsjournal und erschaffe dir eine Schatzkammer mit deinen Fähigkeiten, Stärken und Erfolgen."

Fragen, die du dir dazu stellen kannst:

- Was ist dir heute gut gelungen?
- Wann hast du deine Bedürfnisse wahrgenommen?
- Was hast du heute Gutes für dich getan?
- Hast du Nein zu etwas gesagt, was dir widerspricht?
- Hast du dich heute gelobt?
- Bist du liebevoll mit einem Missgeschick umgegangen?
- Ist es dir gelungen, deine innere Kritikerin zu stoppen?
- Hast du dir eine Auszeit gegönnt?
- Hast du dich heute glücklich gefühlt?
- Hast du dich heute etwas für dich Neues getraut?
- Welche Stärken sind dir aufgefallen?
- Wann hast du deine Selbstliebe wahrgenommen?

„Lege dein Augenmerk auch auf die kleinen unscheinbaren Dinge, denn sie können bei genauer Betrachtung oft die großen wichtigen sein."

Weitere positive Effekte des Erfolgsjournals:

- Negative Erlebnisse beschäftigen dich weniger.
- Du kannst entspannter und mit einem guten Gefühl einschlafen.
- Es stärkt dein Selbstbewusstsein.
- Du achtest besser auf dich.

Da du in dein Erfolgsjournal ausschließlich Erfolge schreibst, richtest du deinen Fokus neu aus. So wirst du nach und nach deine Tage ganz automatisch so gestalten, dass du immer mehr Erfolge zu verzeichnen hast. Zudem wirst du dadurch, dass dein Blick auf deinen Stärken, Erfolgserlebnissen und deinen Leistungen liegt, mehr Selbstachtung entwickeln. Insgesamt legst du auch hier deine Aufmerksamkeit ausschließlich auf die positiven Dinge.

Gibt es wieder einmal Tage, an denen du mit dir haderst, von Selbstzweifeln geplagt wirst und dich nicht liebenswert findest, kannst du in deinem Erfolgsjournal lesen und sehen, was du bereits alles kannst, was dir schon alles gelungen ist und was du erfolgreich umgesetzt hast.

Zusammenfasende Gedanken des Journalings:

Alle diese Journale können dir dabei helfen, ein glücklicheres, zufriedeneres und ausgeglicheneres Leben zu führen und deine Gefühlszustände weniger von äußeren Einflüssen bestimmen zu lassen. Des Weiteren unterstützen sie dich dabei, dich intensiver mit dir selbst auseinanderzusetzen und dich somit besser kennenzulernen. Bei allen dreien wirst du mit der Zeit eine Verbesserung deines Wohlbefindens feststellen.

Beim täglichen Ausfüllen ist bei allen dreien besonders wichtig, das Tagebuch nicht schnell und möglichst effektiv auszufüllen, sondern dir bewusst Zeit zu nehmen und auch zu fühlen, was du schreibst. Nur durch dieses bewusste Wahrnehmen können deine Gedanken im Gehirn verankert werden und in deinem Herzen Einzug halten.

Gib nicht auf!

Sollte es dir einmal nicht gelingen, täglich in dein Journal zu schreiben, lass dich nicht entmutigen, du kannst jeden Tag wieder anfangen, unabhängig davon, wie viel Pause du gemacht hast.

Auch mir ist es nicht immer gelungen durchzuhalten und ich habe mich von scheinbar Wichtigerem aufhalten lassen. Doch ich habe die Erfahrung gemacht, umso öfter ich das Journaling umgesetzt habe, umso besser habe ich mich gefühlt. Deshalb mein Appell an dich, sei es dir wert und lass dich nicht aufhalten. Erlaube nicht, dass irgendjemand Zweifel in dir sät und dich von einem glücklichen Leben voller Selbstliebe abhält.

„Wenn du aufgeben willst, vergiss nicht, die Zukunft deiner Selbstliebe liegt in deinen Händen."

Fähigkeiten, Erfolge und positive Charaktereigenschaften

Hier geht es darum, eine Liste zu erstellen mit all den Dingen, die du in deinem Leben bereits erlernt hast. Angefangen beim Sprechen und Laufen, vom Fahrrad- und Autofahren über das Briefe- und E-Mail-Schreiben bis zu besonderen persönlichen und beruflichen Fähigkeiten. Zudem schreibst du hier all deine Erfolge auf, dies können der bestandene Führerschein, eine berufliche Ausbildung oder die besonderen Kenntnisse in einem Hobby sein. Ebenso vermerkst du hier die Erfolge dabei, für dich da zu sein, dir deine Bedürfnisse und Wünsche zu erfüllen, für dich einzustehen, und wann es dir gelungen ist, dich uneingeschränkt selbst zu lieben. Dies dürfen auch nur Momentaufnahmen sein, wie zum Beispiel ein besonderes Abendessen im Urlaub mit deinem Partner, bei dem du dich vollkommen wohlgefühlt hast. Wenn du dabeibleibst, wirst du merken, dass es schon viele solcher Momente in deinem Leben gegeben hat. Des Weiteren schreibst du hier all deine positiven Eigenschaften auf.

Es ist wichtig, hier auch Dinge zu vermerken, die du für selbstverständlich hältst. Denn vieles, was uns selbstverständlich erscheint, ist für andere Menschen eine große Herausforderung. Schreibe hier alles, wirklich alles auf, auch wenn es dir noch so banal erscheint.

Damit du besser verstehen kannst, was ich meine, habe ich dir hier ein paar Beispiele aufgeschrieben:

- Was gibt es, was du kannst, was nicht alle anderen können? Dies kann das Spielen eines Instruments sein, das Nähen eigener Kleider, besondere Gerichte kochen, drei Bücher in einer Woche lesen, deinen Haushalt spielend leicht in Ordnung halten, fünf Kilometer joggen oder deine Tomaten selbst anbauen.
- Was für besondere, positiven Charaktereigenschaften hast du? Vielleicht bist du eine gute Zuhörerin, hilfst anderen bei Problemen, bist sehr gewissenhaft und verlässlich, bist sehr rücksichtsvoll und kooperationsbereit oder zupackend und herzlich.
- Welche Erfolge bezüglich deiner Selbstliebe kannst du verzeichnen? Wo hast du auf deine Bedürfnisse geachtet, wann hast du dich selbst verwöhnt, wann bist du für dich eingestanden, welche Wünsche hast du dir bereits erfüllt?

„Jeder ist ein Genie! Aber wenn du einen Fisch danach beurteilst, ob er auf einen Baum klettern kann, wird er sein ganzes Leben glauben, dass er dumm ist."

- Albert Einstein -

Jede Frau hat ihre Fähigkeiten und Stärken, hier gilt es, diese wieder bewusst wahrzunehmen und wertzuschätzen. Oft haben wir Fähigkeiten, die andere auch gerne hätten, wir haben sie erlernt und uns angeeignet und jetzt halten wir sie für selbstverständlich. Und weil wir diese Dinge gut können, glauben wir, sie seien nichts Besonderes, da manche Dinge und Gegebenheiten oft erst dann Bedeutsamkeit erlangen, wenn wir sie nicht mehr im Leben haben oder nicht mehr können. Du kannst an diesem Punkt auch darüber nachdenken, was dir fehlen würde, wenn du etwas Bestimmtes in deinem Leben nicht mehr tun könntest. Vielleicht machst du gerne Sport und hältst das für selbstverständlich, was aber wäre, wenn du durch eine körperliche Verletzung keinen Sport mehr machen könntest? Vielleicht musizierst du gerne, was wäre, wenn du dies durch Hörprobleme nicht mehr könntest? Vielleicht bist du eine hervorragende Handwerkerin, was wäre, wenn du plötzlich vergessen hättest, wie das geht? Vielleicht bist du gut darin zu erkennen, wann du eine Auszeit benötigst, und findest auch immer einen Weg, dir diese zu nehmen. Wie würdest du dich fühlen, wenn du dies plötzlich nicht mehr schaffen würdest?

Eine Liste mit deinen Fähigkeiten, Erfolgen und von dir positiv beurteilten Charaktereigenschaften halte ich für besonders wichtig, weil auch hier der Blickwinkel auf all deine positiven Eigenschaften und Errungenschaften gerichtet ist. Durch diese Liste erhältst du einen Überblick, welch positiver, erfolgreicher und wertvoller Mensch du bist. Diese Erkenntnis macht es dir leichter, dir selbst Anerkennung und dadurch mehr Liebe zu schenken.

„Schenke dir Liebe, Freude und Glück in deinem Leben, indem du dir deiner Fähigkeiten bewusst bist und dir Wertschätzung und Achtung entgegenbringst.“

Selbstmitgefühl zeigen

Durch gelebtes Selbstmitgefühl kannst du lernen, liebevoller mit dir selbst umzugehen. Selbstmitgefühl unterstützt dich dabei, dich wohler und zufriedener zu fühlen. Gleichzeitig hilft es dir, dich weniger zu kritisieren. Selbstmitgefühl kann ebenso Ängste und Sorgen mindern, da du, wenn du Mitgefühl mit dir selbst hast, deine Schwächen, Schwierigkeiten, belastende Erlebnisse und von dir gemachte „Fehler" mit mehr Verständnis und Wohlwollen betrachtest. Zudem unterstützt dich Selbstmitgefühl dabei, positive Veränderungen in deinem Leben zu kultivieren. Durch Selbstmitgefühl hören wir auf, von uns unerwünschte Emotionen wie Trauer zu unterdrücken. Sondern wir erlauben dem Gefühl, da zu sein, und zeigen Verständnis dafür. Selbstmitgefühl hat nichts mit Schwäche oder Selbstmitleid zu tun. Selbstmitgefühl ist vielmehr ein Wertschätzen deines momentanen Zustandes. Es bedeutet, mutig anzunehmen, was gerade ist, ohne es zu bagatellisieren. Durch Selbstmitgefühl nimmst du dir selbst gegenüber einer wohlwollenden liebevollen Haltung ein.

„Mach dir selbst eines der wunderbarsten Geschenke, die es gibt, indem du Selbstmitgefühl in deinem Leben kultivierst."

Tipps für mehr Selbstmitgefühl:

- Versuche dich selbst und das momentane Geschehnis aus den Augen einer liebevollen, fürsorglichen Freundin zu betrachten.
- Tröste dich selbst, wenn du traurig bist.
- Erlaube dir unvollkommen zu sein.
- Unterstütze dich, statt dich zu verurteilen.
- Sei achtsam mit deinen Gedanken über dich.
- Begegne dir selbst mit Verständnis.
- Spüre, was du gerade brauchst.
- Kümmere dich um deine Bedürfnisse.
- Behandle dich verständnis- und rücksichtsvoll, wenn du einen Fehler machst.
- Begegne dir selbst wohlwollend.

„Sei freundlich, liebevoll und mitfühlend mit dir selbst, so wie du es bei jemandem wärst, den du uneingeschränkt liebst."

Entwickle Wohlwollen gegenüber dir selbst, indem du in dein Inneres hineinhorchst und deine Bedürfnisse wahrnimmst, statt dich in schwierigen Momenten selbst zu reglementieren und zu kritisieren mit Sätzen wie: „Hab dich nicht so“, „So schlimm ist das jetzt auch wieder nicht“, „Reiß dich mal zusammen“ oder, „Was hast du da schon wieder für Mist gebaut“. Frage dich lieber, was du jetzt in diesem Moment tun kannst, was du jetzt benötigst oder welche Lösungen es gibt, damit es dir wieder besser geht. Besonders wichtig dabei ist, dass du dich für deine jeweiligen Gefühle nicht verurteilst, sondern ihnen erlaubst, da zu sein.

„Selbstmitgefühl beginnt grundsätzlich damit, zu spüren, was ich gerade wirklich benötige, und dem Raum zu geben.“

Fange an, bewusst wahrzunehmen, wenn es dir nicht gut geht oder du dich für etwas kritisierst. Halte kurz inne, wenn du so eine Situation bemerkst, und überlege dir, was du tun kannst, um dir selbst gegenüber Mitgefühl zu zeigen. Wenn du zum Beispiel einen Fehler machst, kannst du dir sagen: „So etwas kann jedem mal passieren!“

Wenn du über eine Situation traurig bist, tröste dich selbst und nimm dein Gefühl ernst. Du kannst dich selbst umarmen oder dein Gesicht in deine Hände legen, du kannst dir aber auch etwas Auszeit nehmen und dich zurückziehen oder das Gespräch und den Beistand eines lieben Menschen suchen. Wichtig dabei ist eine liebevolle, wertschätzende und wohlwollende Haltung dir selbst gegenüber.

Rituale des Vergebens und Loslassens

Schreibe einen Brief

Im Kapitel „Journaling“ habe ich über die positiven Auswirkungen der Morgenseiten, des Dankbarkeitstagebuchs und des Erfolgsjournals geschrieben. Schreiben kann dir auch als Vergebungsritual dienen. Um dies umzusetzen, ist es wichtig, dir als Erstes bewusst zu machen, wem du alles vergeben möchtest oder solltest. Hierbei ist es wichtig, dass du darüber nachdenkst, was dich noch gefangen hält, welcher Mensch etwas getan hat, was du nicht vergessen kannst und was dir immer noch zu schaffen macht. Des Weiteren solltest du überlegen, welche Erlebnisse immer noch ein schlechtes Gefühl in dir erzeugen. Du kannst dir eine Liste mit all diesen Menschen und den damit verbundenen Geschehnissen erstellen oder aber auch mit dem Ersten beginnen, was dir einfällt.

Schreibe diesem Menschen einen Brief, in diesen Brief schreibst du alles, was dich belastet hat, alles, was dich verletzt hat, alles, was dich bis heute noch verletzt und nicht frei sein lässt. Alles, was dir ein schlechtes Gefühl gibt, dies kann das Gefühl sein, nicht gut genug zu sein, oder eine schwere Enttäuschung. Egal, was es ist, schreibe alles in diesen Brief. Sprich die Person in diesem Brief persönlich an und sage ihr alles, was du loswerden möchtest, du kannst sie dabei auch wüst beschimpfen. Schreibe dir wirklich alles von der Seele, so lange, bis dir nichts mehr einfällt.

„Entrümple dein Leben und wirf deinen Ballast ab, lass zu, dass alte Wunden heilen."

Wenn du mit diesem Brief fertig bist, schick ihn auf keinen Fall ab. Du verwendest ihn dafür, ein Vergebungsritual zu machen. Wichtig dabei ist, dass du das alles wirklich loslassen und nicht weiter festhalten möchtest. Denke daran, Loslassen befreit und schafft Raum für Neues und Positives.

Du kannst dafür ein Feuerritual machen. Hierbei nimmst du dir Zeit und tust dies ganz bewusst. Du kannst dir dafür einen schönen Ort in der Natur oder in deinem Garten aussuchen. Gestalte diesen Platz so, dass es sich für dich richtig anfühlt. Mach dieses Ritual mit dem Gedanken, das Geschehene jetzt loszulassen. Bei Bedarf kannst du dieses Ritual wiederholen. Es kann geschehen, dass nach diesem Ritual noch einmal Gedanken und Erinnerungen hochkommen, die du vorher vergessen hast. Lass auch diese los.

„Loslassen und Vergeben sind ein Akt der Selbstliebe."

Bitte hole dir bei Traumata, Depressionen oder bei dem Gefühl, dem nicht allein gewachsen zu sein, unbedingt professionelle Unterstützung.

Das hawaiianische Ho`oponopono

Ho´oponopono bedeutet so viel wie etwas ausgleichen, etwas korrigieren, etwas in Harmonie bringen. Die Sätze des Ho`oponopono sollen, wenn diese immer wieder wiederholt werden, eine starke heilende Wirkung haben. Ho`oponopono soll das eigene Seelenwohl steigern und unsere Gedanken und unser Handeln sollen dadurch liebevoller werden. Wie weiter vorne schon erwähnt, beeinflussen unsere Gedanken unser Wohlbefinden. Wenn wir es schaffen, liebevolle Gedanken zu denken, entsteht, wie von selbst, freudvolle positive Energie und Gedanken wie Wut, Trauer, Missgunst und Zorn treten in den Hintergrund. Indem du die Liebe zu dir selbst und deine Liebe zur Umwelt stärkst, heilst du gleichzeitig deine Innenwelt.

Bei Ho`oponopono geht es darum, uns bewusst zu machen, dass keiner von uns fehlerfrei ist. Durch Ho`oponopono sollen wir nicht nur anderen, sondern auch uns selbst verzeihen. Dabei ist es wichtig, uns gewahr zu werden, dass jeder Einzelne von uns schon einmal bewusst oder unbewusst so gehandelt hat, dass er einem anderen geschadet oder ihn verletzt hat. Man geht dabei davon aus, dass alles mit allem verbunden ist. Wenn uns etwas verletzt hat, war etwas in uns selbst, das diese Menschen und diese Handlungen in unser Leben gezogen hat. Den Anteil in uns zu erkennen, soll nicht bedeuten, dass wir das Geschehnis gutheißen sollen und wir dem Täter einen Freibrief erteilen und ihm erlauben, uns wieder so zu behandeln. Doch indem wir diesen inneren Anteil in uns selbst erkennen und heilen, heilt nicht nur unsere Verletzung durch diese eine Situation, sondern wir ziehen in Zukunft solche Situationen und Menschen gar nicht mehr erst in unser Leben.

Was können wir Besseres für unsere Selbstliebe tun, als zu heilen und in Zukunft mehr Liebevolles in unser Leben zu ziehen?

„Alles ist mit allem verbunden und wir sind Teil des großen Ganzen."

Die Kurzfassung des Ho´oponopono von Doktor Ihaleakala Hew Len lautet:

Es tut mir leid
Bitte verzeih mir
Ich liebe dich
Danke

Diese Sätze können sich erst einmal komisch anhören, da wir selbst es sind, die um Verzeihung bitten. Doch durch sie übernimmst du die Verantwortung für deine Gefühle, die ja durch dein Denken und deine Glaubenssätze in dir erzeugt werden.

Diese Sätze können bei einer regelmäßigen Anwendung wie ein Mantra oder eine Affirmation gesprochen werden. Dabei ist es von Bedeutung, die vier Sätze nicht nur herunterzusagen, sondern sie auch zu fühlen. Des Weiteren ist es wichtig, dass du das Problem und deinen Anteil daran anerkennst. Dein Anteil kann auch lediglich sein, dass du dich dafür zur Verfügung gestellt hast, dass ein anderer Mensch schlecht mit dir umgehen konnte. Dabei ist es unerheblich, ob dies bewusst oder unbewusst geschehen ist. Wenn du zum Beispiel glaubst, nicht gut genug zu sein, und jemand macht dir Vorwürfe, zu dumm zu sein und etwas nicht zu können, hast du durch dein Mangelgefühl dieses Geschehnis angezogen. Durch diese Beleidigung wirst du von außen getriggert, das heißt, diese Herabsetzung macht dich darauf aufmerksam, dass da etwas in dir ist, was noch nicht geheilt ist. Mit Hilfe der Beleidigung hast du nun die Möglichkeit hinzusehen, dir dessen bewusst zu werden und etwas zur Wiederherstellung deines gesunden Ursprungszustandes zu tun.

Denke an deinen Rucksack, jedes Mal, wenn du vergibst, kannst du einen Stein herausholen und er wird dadurch leichter. Durch Vergebung kannst du also ein Geschenk an dich selbst machen, da es dich von einer Last befreit.

Um dir selbst zu vergeben, habe ich Folgendes für dich geschrieben:

„Es tut mir leid, dass ich so lange an meinem Schmerz und meiner Lieblosigkeit mir gegenüber festgehalten habe. Mein inneres kleines Kind, bitte verzeih mir, dass ich dich verletzt habe. Ich liebe dich und ich danke dir dafür, dass es dich gibt.“

Oder:

„Es tut mir leid, dass ich mich noch nicht vollkommen selbst liebe. Ich verzeihe mir, dass mir dies bis jetzt noch nicht möglich war. Ich liebe mich, vergebe mir und nutze jetzt die Möglichkeit, wertschätzender und liebevoller mit mir umzugehen. Ich danke dafür, dies erkannt zu haben.“

Um jemand anderem zu vergeben, kannst du folgende Sätze verwenden:

„Es tut mir leid, dass etwas in mir war, was diese Situation in mein Leben gezogen hat. Bitte verzeih mir, ich verzeihe dir. Ich liebe dich dafür, dass du mir dafür die Augen geöffnet hast. Ich danke dir."

Oder:

„Ich akzeptiere, was geschehen ist, und es tut mir leid, dass ich Teil des Geschehens war, bitte verzeih mir. Ich verzeihe dir. Ich liebe mich und vertraue, dass dieses Geschehen mich in meiner Entwicklung fördert. Ich liebe dich und danke dir für die Erkenntnisse dieser Erfahrung."

Du kannst die vier Sätze, bitte verzeih mir, es tut mir leid, ich liebe dich, danke, allein verwenden, oder sie für dich passend ergänzen. Dabei ist es wichtig, dass diese immer liebevoll und wohlwollend formuliert sind. Auch kann es anfangs schwer sein, dem Verursacher deines Schmerzes „Ich liebe dich" zu sagen. Falls dies für dich noch gar nicht geht, beginne zuerst mit dem Ritual des Briefschreibens.

„Sei es dir wert zu vergeben und Belastendes loszulassen."

Achtsamkeitsrituale

Innehalten und wahrnehmen

Nimm dir in deinem Tagesablauf immer einmal wieder eine Minute Zeit, um kurz innezuhalten und den gegenwärtigen Moment wahrzunehmen. Nutze dazu kleine Zeitfenster im Alltag. Dies kann an der Schlange vor der Kasse, an einer roten Ampel oder während der Wartezeit bei einem Termin sein. Nimm dazu einen kurzen tiefen Atemzug und nimm wahr, wo du dich gerade befindest. Beachte folgende Fragen: Was siehst du? Was hörst du? Was riechst du? Was fühlst du? Was denkst du?

Falls du bei Wartezeiten lediglich wahrnimmst, dass es ziemlich lange dauert und du dich über die Wartezeit ärgerst, solltest du dieses Ärgern nur wahrnehmen und diese Gedanken vorüberziehen lassen. Du kannst dir dabei auch sagen: „Spannend, ich spüre, dass ich mich ärgere." Bewerte diesen Gedanken nicht, sondern achte darauf, was du noch denkst, spürst und wahrnimmst. Ganz wichtig dabei ist, dich niemals dafür zu verurteilen. Nimm diese Geschehnisse in dir lediglich wahr.

„Nimm diesen gegenwärtigen Moment lediglich wahr, lass deine Gedanken vorüberziehen, ohne den Versuch, sie in irgendeiner Art und Weise zu ändern."

Das Ziel dieser Übung ist es, einerseits kurz aus deinem täglichen Tun auszusteigen, und andererseits, dich selbst und den gegenwärtigen Augenblick zu spüren. Dadurch kann es dir gelingen, wieder besser bei dir selbst anzukommen, deine Bedürfnisse, deine oft selbstkritisierenden Gedanken und deine Wünsche besser wahrzunehmen. Erst dieses Bewusstwerden ermöglicht es dir, mit der Zeit immer selbstfürsorglicher und liebevoller mit dir umzugehen.

„Integriere diese achtsamen Momente, in denen du einfach nur bist, in dein Leben. Sie verhelfen dir dazu, dich glücklicher zu fühlen und mehr Selbstliebe zu spüren."

Achtsames Gehen

Achtsames Gehen ist eine Form der Meditation. Es ist eine sogenannte Gehmeditation, die du leicht in deinen Alltag integrieren kannst.

Beim achtsamen Gehen geht es nicht darum, irgendwo anzukommen. Vielmehr dient es dem Zweck, dir des Gehens bewusst zu werden. Dabei ist es wichtig wahrzunehmen, wie sich deine Füße bewegen, wie sie auftreten und abrollen und wie du dabei atmest, wo im Körper du den Atem spürst und ob du tief oder flach atmest. Deine Konzentration liegt vollkommen darin, wahrzunehmen, wie deine Füße den Boden berühren, welche Unebenheiten du eventuell feststellst, ob deine Schuhe irgendwo drücken, und dir bewusst zu werden, wie deine Füße deinen Körper tragen. Du solltest hier langsam und bewusst gehen. Stell dir vor, du bist ein kleines Mädchen, und entdeckst das Gehen mit allen Sinnen noch einmal neu. Deine volle Konzentration liegt darin, dir gewahr zu werden, welche Abläufe beim Gehen sonst automatisch stattfinden. Durch diese Konzentration aufs Gehen beruhigen sich deine Gedanken, sodass es dir hiermit gelingt, aus dem alltäglichen Gedankenkarussell auszusteigen. Dabei kommt es nicht darauf an, wie lange du dies tust, sondern eher darauf, wie häufig es dir gelingt, dies in deinen Alltag einzubauen.

„Gehe so, als würden deine Füße zum ersten Mal die Erde berühren."

Du kannst dies auf dem Weg zu Erledigungen praktizieren oder einen Waldspaziergang machen. Wenn es dir gelingt, dir deines eigenen Gehens vollkommen bewusst zu werden, kannst du deine Aufmerksamkeit auch bewusst auf weitere körperliche Empfindungen und deine Umgebung lenken. Möglicherweise hörst du Vogelgezwitscher und riechst die Waldluft oder du nimmst die zarten Knospen der Bäume im Frühling wahr. Vielleicht spürst du auch die warmen, angenehmen Sonnenstrahlen auf deiner Haut.

„Genieße das achtsame Wahrnehmen und dessen entspannende Wirkung."

Besonders wichtig ist es auch bei der Gehmeditation, alles lediglich wahrzunehmen, statt es zu beurteilen. Durch achtsames Gehen bist du weder in der Vergangenheit noch in der Zukunft. Es soll auch hier vielmehr ein Wahrnehmen des gegenwärtigen Momentes und des momentanen Geschehens sein.

„Neue Wege entstehen beim Gehen."

Wenn du dich am Anfang etwas komisch dabei fühlst, ist es möglich, das achtsame Gehen zuerst allein und unbeobachtet bei dir zu Hause zu machen, dazu reicht es auch aus, nur zwei bis fünf Minuten in deiner Wohnung im Kreis oder hin und her zu gehen. Du kannst aber auch eine längere Zeit im Wald spazieren gehen. Wichtig dabei ist lediglich, sich bewusst dafür Zeit zu nehmen.

Was hat achtsames Gehen mit Selbstliebe zu tun?

Achtsames Gehen unterstützt dich dabei, dir deiner körperlichen Empfindungen und deiner gedanklichen Muster bewusster zu werden. Zudem ist es möglich, durch achtsames Gehen körperliche und geistige Blockaden abzubauen und wieder ins Fließen zu bringen. Durch dieses achtsame Bewusstwerden beim Gehen kommst du deinem Ziel von mehr Selbstliebe Stück für Stück näher und integrierst sie leichter in dein Leben.

„Gehe deinen Weg der Selbstliebe!"

Achtsames Atmen

Wenn du wieder einmal bemerkst, dass deine Gedanken sich im unerwünschten Sinne selbständig machen, deine innere Kritikerin laut wird und du dich mit Selbstkritik und Selbstvorwürfen überschüttest, kann dir achtsames Atmen dabei helfen, die Richtung deiner Gedanken zu ändern.

Da dich dein Atem immer begleitet, kannst du achtsames und bewusstes Atmen überall praktizieren. Achtsames Atmen kann dir eine wunderbare Hilfe sein, Abstand von deinen negativen und unerwünschten Gedanken zu bekommen. Beim achtsamen Atmen benötigst du keine bestimmte Atemtechnik, es geht vielmehr darum, deinen Atem ganz bewusst zu beobachten. Fokussiere dich dabei vollkommen auf die Vorgänge in deinem Körper.

Beachte dabei folgende Punkte:

- Wo spürst du den Atem, im Brustkorb, im Bauchraum, im Hals?
- Atmest du schnell oder langsam?
- Atmest du tief oder flach?
- Ist die Atemluft kalt oder warm?
- Spürst du beim Atmen ein Engegefühl oder kannst du frei atmen?
- Ändert sich dein Atem während der Beobachtung?
- Spürst du den Luftzug beim Ein -und Ausatmen?

Mit Hilfe von achtsamem und bewusstem Atmen deine Gedanken ändern:

Falls deine Gedanken vom Atmen abschweifen und dir dies bewusst wird, kehre einfach wieder zu deinem Atem zurück. Indem du deine Aufmerksamkeit ein bis drei Minuten ganz gezielt auf deinen Atem lenkst, wird deine innere Stimme leiser und du fühlst dich ruhiger. Dies wird dir mit der Zeit immer besser und in kürzerer Zeit gelingen.

Durch dieses kurze Aussteigen aus deinem Denkmuster unterbrichst du deine selbstzerstörerischen Gedanken. So hast du die Möglichkeit, dir deiner selbstzerstörerischen Muster bewusst zu werden und deinen Gedanken eine neue Richtung zu geben.

„Lebe im Augenblick, indem du deine Aufmerksamkeit deinem Atem widmest, deine Gedanken ziehen lässt wie Wolken am Himmel."

Gib deinen Gedanken einen neuen Kurs vor, einen Kurs mit liebevollen, wertschätzenden und wohlwollenden Gedanken voller Selbstliebe.

Meine Erfahrungen mit achtsamem Atmen:

Ich selbst habe seit ein paar Jahren immer wieder einmal Probleme mit Bluthochdruck. Mir ist aufgefallen, dass dieser auch oft entsteht, wenn ich mir den Alltag zu vollpacke, versuche, vieles gleichzeitig zu machen, oder ich mich mit meinen Gedanken, was alles zu tun wäre, selbst unter Druck setze. Allein durch dieses bewusste, ruhige und aufmerksame Atmen gelingt es mir immer öfter, meinen Blutdruck um bis zu 20 mmHg zu senken. Wenn mir meine Unruhe und meine antreibenden Gedanken durch die Atempause bewusst werden und es mir gelingt, gedanklich wohlwollender und ohne Leistungsdruck mit mir zu sprechen, bleibt mein Blutdruck dadurch niedriger.

Allerdings ist mir das nicht von heute auf morgen gelungen, vielmehr habe ich diese Ergebnisse erst nach ein paar Wochen bemerkt. Wenn ich nun versuchte, dieses Ergebnis bewusst herbeizuführen, war ich oft enttäuscht, weil es mir dann nicht mehr gelang. Bis mir klar wurde, dass ich mich durch das Erwarten des Ergebnisses und das unbedingte Wollen, nach dem Atmen einen niedrigeren Blutdruck zu haben, selbst wieder unter Druck setzte. Erst als es mir gelang, meinem Blutdruck zu erlauben, so zu sein, wie er war, wurde er nach dem achtsamen Atmen wieder ruhiger und niedriger. Doch weil in mir der Wunsch war, mein Ziel zu erreichen, dauerte dieses wirkliche Erlauben auch seine Zeit. Nach und nach gelang es mir, mich immer zu bedanken und zu freuen, wenn es mir gelang, und mich nicht mehr zu ärgern, wenn dies nicht so war. Erst durch dieses Herausnehmen des unbedingten Wollens gelingt es mir immer leichter und mein Blutdruck hat sich allgemein zum Besseren gewendet.

Vielleicht fragst du dich jetzt, was mein Blutdruck mit Selbstliebe zu tun hat? Ich gehöre zu den Menschen, die es spüren, einen hohen Blutdruck zu haben, ich fühle mich, obwohl ich sonst sportlich bin, dann körperlich schnell erschöpft und bekomme dazu Nacken- und Kopfschmerzen. Zudem halte ich nichts davon, ständig Tabletten mit all ihren Nebenwirkungen zu nehmen. Ein weiterer wichtiger Punkt ist, dass ich mir durch meine vielen Interessen meinen Alltag manchmal zu vollpacke, was mich unter Druck setzt, weil ich diese Dinge dann auch umsetzen möchte. Dadurch kann es geschehen, dass ich mein Bedürfnis nach Ruhe und Entspannung nicht rechtzeitig wahrnehme oder ihm nicht nachgehe.

Du siehst also, auch ich bin in diesem Punkt noch auf dem Weg. Das erzähle ich dir deshalb, damit du verstehst, dass der Weg zu mehr Selbstliebe nicht von heute auf morgen gelingen kann und dass es völlig in Ordnung ist, Selbstliebe nicht in Perfektion auszuüben. Perfektion hat nichts mit Selbstliebe zu tun., sondern vielmehr mit Selbstkasteiung und der Meinung, nicht gut genug zu sein. Erlaube dir, nicht perfekt zu sein. Dies erleichtert dir deinen Weg zur Selbstliebe. Bei mir ist es der liebevolle Umgang damit, wenn ich durch meine vielseitigen Interessen einmal wieder zu viel auf einmal will und mich dadurch selbst unter Druck setze.

Zusammenfassende Gedanken zur Achtsamkeit:

Gelebte Achtsamkeit wird dein Wohlbefinden und dein Glücksgefühl steigern. Durch Achtsamkeitsübungen gelingt es dir, im Moment zu leben. Einem Moment, in dem du völlig gegenwärtig bist, statt in Gedanken in der Vergangenheit oder Zukunft zu sein. Mach dir bewusst, dass unser Leben aus einer Aneinanderreihung von Momenten besteht. Je mehr solcher positiven Momente du schaffst, desto wohler wirst du dich in deiner Haut fühlen. Umso wohler du dich in dir fühlst, umso leichter wird es dir fallen, dich selbst zu lieben und dich glücklicher, erfüllter und zufriedener zu fühlen.

„Denke daran, alles, was du mit Achtsamkeit tust und alles, bei dem es dir gelingt, im gegenwärtigen Moment zu leben, kann eine Achtsamkeitsübung sein. Es können auch Momente wie Kochen, Gärtnern oder Zeichnen sein. Wichtig dabei ist es, im Alltag Ruhe zu finden und vollkommen in diesem Augenblick zu leben."

Wünsche wahrnehmen, erkennen und erfüllen

Hier geht es nicht darum, wie man Wünsche richtig losschickt und den Rest dem Universum überlässt, sondern vielmehr darum, was du selbst dafür tun kannst, dass sich deine Wünsche erfüllen. Als Erstes ist es daher wichtig, dir alle deine Wünsche aufzuschreiben. Angefangen bei kleinen banalen Dingen bis zu großen Herzenswünschen.

Nimm dir dazu einen Block oder ein kleines Heft und einen Stift. Sorge dafür, dass du ungestört bist und Zeit für dich hast. Nun fängst du an, all deine Wünsche aufzuschreiben. Schreibe hier wirklich alles auf, was dir einfällt. Du musst in diesem Moment nicht wissen, wie es möglich ist, dir diese Wünsche zu erfüllen. Du kannst dir dazu eine kleine Fee vorstellen, die zu dir kommt und dir alles erfüllt. Was würdest du dir wünschen, wenn alles möglich wäre und es keinerlei Einschränkungen gäbe?

Mit dieser Liste fährst du nun mindestens eine Woche fort. Nimm dir dazu täglich eine bestimmte Zeit in deinem Tagesablauf vor. Deine Liste solltest du dir hierbei immer wieder durchlesen und überlegen, was dir dazu noch alles einfällt. Achte darauf, deine Wünsche genau zu formulieren. Schreibe hier nicht, ich will in den Urlaub fahren, sondern schreibe auf, wohin genau du willst und was genau du in diesem Urlaub erleben willst.

„Wer gut für sich sorgt und sich selbst liebt, erfüllt sich Wünsche."

Folgende Fragen können dir dabei helfen:

- Was wolltest du schon immer einmal tun?
- Welche Momente haben dich als Kind glücklich gemacht, würden sie das immer noch tun?
- Was fehlt dir in deinem Leben?
- Wie willst du dein Wochenende gestalten?
- Was müsstest du dir erfüllen, um dich selbst geliebt zu fühlen?
- Was wünschst du dir von tiefstem Herzen?
- Was hast du dir bis jetzt verboten?
- Was würdest du tun, wenn du nur noch ein halbes Jahr zu leben hättest?
- Welches Hobby würdest du gerne ausüben?

„Wenn du dir Wünsche erfüllst, steigerst du damit dein Selbstvertrauen und du erfährst in positiver Weise deine Selbstwirksamkeit."

Schreibe mindestens 20 Wünsche auf deine Liste. Wenn du deine Wunschliste fertig hast, setze Prioritäten. Überlege, welche Wünsche dir am wichtigsten sind. Markiere dir die wichtigsten fünf Wünsche mit deiner Lieblingsfarbe. Jetzt überlegst du, welchen der fünf Wünsche du dir am leichtesten erfüllen kannst. Mit diesem Wunsch beginnst du. Denke darüber nach, was du tun kannst, um dir diesen Wunsch zu erfüllen. Schreibe alle notwendigen Schritte auf und setze sie dann nach und nach um. Achte dabei darauf, dir nicht zu viel auf einmal vorzunehmen.

Bei der Wunscherfüllung soll es in erster Linie nicht darum gehen, Millionärin zu werden, sondern eher darum, was hinter dem Wunsch steht, eine Million Euro zu haben. Wofür benötigst du die Million, welche Bedürfnisse stehen dahinter? Was erhoffst du dir davon? Was möchtest du damit tun?

Denke genau darüber nach, ob dich die Verwirklichung deines Wunsches wirklich erfüllt.

Wenn du zum Beispiel davon träumst, eine Weltreise zu machen, dann verbindest du mit einer solchen Reise vielleicht bestimmte Vorstellungen. Du möchtest zum Beispiel das Gefühl absoluter Freiheit spüren. Falls dies noch nicht funktioniert, mach dir bewusst, dass du das Grundbedürfnis, das hinter deinem offensichtlichen Wunsch steckt, oft auch mit kleineren Maßnahmen stillen kannst.

Am besten beginnst du damit, dir möglichst einfache und kleine Wünsche zu erfüllen. Du wirst bemerken, dass du dich dadurch mit der Zeit immer zufriedener, glücklicher und selbstwirksamer fühlst. Zudem wird deine Achtung vor dir selbst wachsen.

„Du darfst dich um dich selbst kümmern und deine Wünsche und Bedürfnisse ernst nehmen, ohne ein schlechtes Gewissen zu haben."

Erfülle dir deine Wünsche bei Bedarf in kleinen Schritten. Statt einer ganzen Woche in den Bergen in Südtirol kannst du auch eine schöne Tagestour machen. Klar ist es nicht dasselbe. Doch wenn du diesen einen Tag wirklich mit allem, was dazugehört, genießt, erfüllst du damit einen Teil deines Wunsches. Dies ist allemal besser, als zu Hause zu sitzen, zu jammern und zu sagen: „Ich kann mir meinen Wunsch nicht erfüllen." Es ist tausendmal besser, als in Lethargie zu verfallen, weil etwas noch nicht erfüllbar ist. Wenn es dir dabei darum geht, nicht zu Hause zu schlafen, kannst du auch eine einzelne Übernachtung in der Nähe wählen und eine Wanderung in schöner Natur machen. So bekommst du ein Gefühl deiner Selbstkompetenz und du tust etwas, was dir für dich wichtig ist. Das heißt, du nimmst deine Bedürfnisse ernst und wichtig. Achte dabei auch immer auf die Bedürfnisse, die hinter deinem Wunsch stecken. Wie könntest du die erwünschten Gefühle ohne deine Reise spüren? Wie kannst du die dahinterliegenden Bedürfnisse sonst noch befriedigen?

Stelle dir dabei folgende Fragen:

- Welches Gefühl steckt hinter deinem Wunsch?
- Welche Erwartungen stelle ich an diesen Wunsch?
- Warum ist mir dieser Wunsch so wichtig?
- Was ist anders, wenn ich mir diesen Wunsch erfülle?

Bei einer Reise wünschst du dir vielleicht auch einfach eine Auszeit, weil du so erschöpft bist. Wenn das so ist, überlege mit Hilfe des Kapitels „Schenke dir qualitativ hochwertige Auszeiten und Wohlfühlmomente“, wie du Erholungsphasen in deinen Alltag integrieren kannst. Natürlich sollst du deinen Wunsch nicht einfach aufgeben. Doch so kann es dir etwas leichterfallen, die Zeit, die es benötigt, um dir deinen Wunsch zu erfüllen, abzuwarten und im besten Fall sogar zu genießen.

Achte bei deiner Wunscherfüllung immer auf das dahinterliegende Bedürfnis und vermeide so, dass eine Wunscherfüllung zu einer Ersatzbefriedigung für einen Mangelzustand in deiner Gefühlswelt oder ein anderes unerfülltes Bedürfnis wird. Ich weiß, mit der Bitte, die dahinterliegenden Bedürfnisse zu beachten, wiederhole ich mich, doch dies ist ein äußerst wichtiger Punkt.

Beachte beim Entdecken deiner Wünsche, dich nicht in einen Mangelzustand zu versetzen. Dies ist besonders wichtig, da du sonst wieder das Gefühl, nicht gut genug zu sein, spüren kannst und dich ungeliebt und enttäuscht fühlst. Schau bei der Umsetzung deiner Wünsche genau hin und begib dich bewusst auf den Weg, dich glücklich zu machen. Achte deshalb auf kleine Erfolge, diese kannst du auch, um sie dir besser bewusst zu machen, in einem Erfolgsjournal vermerken.

Sammle persönliche Glücksmomente

Mach dein Leben glücklicher, indem du den kleinen Glücksmomenten in deinem Alltag mehr Beachtung schenkst. Lege deinen Fokus dabei auf die kleinen positiven Augenblicke, die dir im Alltag begegnen. Dies müssen nicht immer die großen besonderen Momente wie eine Urlaubsreise oder eine Hochzeit sein, es kann auch ein freier Parkplatz, deine Mittagspause im Sonnenschein, ein leckeres Frühstück, die ersten Frühlingsblumen, das nette Wort einer Kollegin, eine wertvolle Begegnung, Zeit zum Ausschlafen, ein Plausch mit deiner Freundin oder liebevolle Zeit mit deinem Partner sein.

Sobald du deine Aufmerksamkeit auf die schönen, positiven Augenblicke in deinem Leben lenkst, wirst du überrascht sein, wie viele Glücksmomente dir täglich begegnen. Zudem wirst du durch das bewusste Wahrnehmen dieser Glücksmomente automatisch dafür sorgen, dass es mehr davon in deinem Leben gibt.

Das Glücksmomente-Glas

Du kannst zum Sammeln deiner Glücksmomente auch ein Glas nehmen, das du schön gestaltest. Auf dieses Glas kannst du zum Beispiel mit goldener Schrift „Glücksmomente“ draufschreiben und den Deckel golden anmalen. Nun schneidest du dir noch kleine Zettel aus oder besorgst dir einen kleinen Block. Auf diese kleinen Notizzettel schreibst du alles, was dir Freude bereitet und dich glücklich gemacht hat. Notiere hier einfach all deine schönen Momente und lege die Zettel in dein Glas.

Du wirst sehen, wie sich dein Glas nach und nach mit Glücksmomenten füllt. Falls es dir an einem Tag einmal nicht so gut geht, kannst du ein paar Glücksmomente-Zettel herausnehmen und sie dir vergegenwärtigen. Natürlich kannst du das auch sonst jederzeit tun und dich darüber freuen, wie viele Glücksmomente es bereits in deinem Leben gibt.

„Du kannst dich jeden Moment neu für dein Glück entscheiden.“

Deine Glücksmomente-Box

Bei deiner Glücksmomente-Box gehst du ähnlich vor wie beim Glücksmomente-Glas. Hier kannst du eine kleine Box oder Schachtel verwenden, auch diese beschriftest du mit der Aufschrift „Glücksmomente“ und gestaltest sie schön für dich. In deine Glücksmomente-Box kannst du zum Beispiel Fotos, Eintritts -oder Festivalkarten, Erinnerungsstücke, Weinkorken, getrocknete Rosen, die Karte eines Lokals, in dem du schöne Momente verbracht hast, Urlaubs- oder Geburtstagskarten legen. Wenn dir danach ist, kannst du sie öffnen und in der Erinnerung schöner und glücklicher Momente schwelgen.

„Sammle deine kleinen und großen glücklichen Momente und schaff dir eine Schatzkammer positiver Erinnerungen.“

Beide Methoden können ein Kraft -und Hoffnungsanker bei trüben Tagen sein. Vielleicht fallen dir auch noch weitere Methoden ein, dein Glück für dich spürbarer zu machen.

Frauen, die sich selbst lieben, sorgen dafür, dass sie sich in ihrem Leben wohlfühlen und dass es ihnen gut geht. Gehöre du zu ihnen, indem du dafür sorgst, viele Glücksmomente zu erleben und somit dein Wohlgefühl zu steigern.

Auszeiten und Wohlfühlmomente

Gönne dir regelmäßig qualitativ hochwertige kleine und größere Auszeiten und Wohlfühlmomente. Wenn du den ganzen Tag schuftest, ständig dein Bestes gibst und meinst, auf allen Hochzeiten gleichzeitig tanzen zu müssen und dir keine Zeit für dich selbst nimmst, werden deine Batterien leer. Vielleicht vertrödelst du auch viel Zeit mit scheinbar wichtigen Dingen oder du fühlst dich zu erschöpft, etwas zu unternehmen. Gerade dann ist es wichtig, etwas zu tun, was dir wieder ein positives, energievolles Gefühl bringt. Mit leerer Batterie kannst du nicht mehr gut agieren, im Gegenteil, du fühlst dich erschöpft, ausgelaugt und unzufrieden. Dies unterstützt dein Selbstwertgefühl und dein Gefühl der Selbstliebe in keiner Weise. Deshalb ist es wichtig, dir, deiner Seele und deinem Körper regelmäßig qualitativ hochwertige Zeit zu gönnen. Schaffe dir regelmäßige Erholungs- und Wohlfühlphasen, in denen du auftanken und deine Batterien wieder aufladen kannst. Dies ist besonders dann von essenzieller Bedeutung, wenn du eigentlich keine Zeit dafür hast.

Tipps für Auszeiten und Wohlfühlmomente:

- Nimm ein Entspannungsbad mit einem Buch und einem Glas Wein!
- Lies eine halbe Stunde in einem Buch!

- Gönne dir eine Massage!
- Gehe in die Therme!
- Jogge eine Runde!
- Fahre ein Wochenende allein weg!
- Gehe spazieren!
- Gönne dir bewusst und ohne Ablenkung eine Tasse Kaffee oder Tee!
- Gönne dir zehn Minuten Pause nach deiner Arbeit!
- Beobachte einen Schmetterling!
- Streichle dein Haustier, ohne etwas anderes nebenbei zu tun!
- Verabrede dich zum Abendessen!
- Frühstücke gemütlich im Bett, bevor du den Tag startest!
- Nimm dir Zeit für dein Hobby!
- Höre dir dein Lieblingslied an!
- Genieße Zeit in der Sonne!

Wichtig dabei ist es, dir regelmäßig Zeit für dich zu nehmen. Am besten trägst du deine Termine in einen Kalender ein. Nimm diese Termine genauso ernst wie Arbeits- oder Arzttermine, sag sie auf keinen Fall leichtfertig ab. Du solltest dir dabei die wichtigste Person in deinem Leben sein. Damit meine ich nicht egozentrisches oder narzisstisches Verhalten, sondern Wohlwollen und Wertschätzung dir selbst gegenüber. Gehe dabei mit dir selbst so um, als wärst du verliebt, oder so, wie du einem Menschen gegenüber agierst, den du über alles liebst.

„Wenn du dir selbst mehr Aufmerksamkeit widmest, indem du dir bewusst wertvolle Zeit schenkst, wird deine Liebe zu dir selbst wachsen und spürbar stärker."

Die Maßbandübung

Die Maßbandübung habe ich zum ersten Mal vor einigen Jahren auf einem Workshop für Persönlichkeitsentwicklung kennengelernt. Dabei verwendet man ein Ein-Meter-Maßband aus Papier. Dieses Maßband kann man online bestellen. Vielleicht hast du auch eines vom Ausmessen in einem Möbelladen zu Hause. Du kannst diese Übung auch gedanklich machen. Doch am besten ist es, du misst diesen einen Meter wirklich ab. Nun nimmst du das Maßband und reißt deine Alterszahl davon ab. Da eine Frau im Durchschnitt ca. 84 Jahre alt wird, reißt du bitte vom Ende des Bandes noch 16 cm ab. Nun könntest du noch für ungesunde Ernährung, Stress, wenig Sport usw. einige Zentimeter abreißen. Aber auch ohne dies zu tun, führt diese Übung oft zu aufrüttelnden Gedanken oder sogar erschreckender Erkenntnis. Du hältst nämlich jetzt deine dir verbleibende Lebenszeit in der Hand. Natürlich kann niemand genau sagen, wie lange wir als einzelne Person leben werden. Ich möchte damit auch nicht erreichen, dass du dich schlecht fühlst, doch diese Übung, dieses Gedankenexperiment, gibt dir die Möglichkeit, deine wahren Bedürfnisse und Sehnsüchte ernster zu nehmen. Vor allem dann, wenn du dir noch Gedanken darüber machst, wie viel deiner wertvollen Lebenszeit du mit Schlafen verbringst und sie zudem mit zu viel putzen, fernsehen, einer unliebsamen Arbeit und Dingen, die du nicht gerne tust, oft sinnlos verplemperst.

Sieh dir dein Maßband genau an:

- Wie viel von dem Maßband hast du noch übrig?
- Wie viel Zeit bleibt dir noch, um dich gut um dich zu kümmern?
- Auf wann willst du deine nicht erfüllten Wünsche verschieben?
- Wie viel von dieser Zeit willst du noch vertrödeln, um dir die Liebe zu geben, die du verdienst?
- Willst du diese Zeit mit Dingen, Begebenheiten oder Menschen verbringen, die dir nicht guttun?
- Was möchtest du in deiner Zeit noch tun?
- Mit wem möchtest du deine Zeit verbringen?
- Was willst du noch erleben und sehen?
- Welche Wünsche willst du dir noch erfüllen?
- Was willst du noch ausprobieren?

Wenn du das Ende des Maßbandes erreicht hast, was müsstest du jetzt ändern und für dich tun, damit du sagen kannst, du warst dir wichtig, du hast dich gut um dich gekümmert und dein Leben gelebt? Was müsstest du tun, um am Ende sagen zu können, ja, ich habe mich wirklich selbst geliebt? Was solltest du tun, um dann das Gefühl haben zu können: „Was für eine großartige Reise, es hat Spaß gemacht"?

In der Regel sehen wir alles, was selten ist, als besonders wertvoll an. Doch wie sieht es mit unserer täglichen Lebenszeit aus? Wie sehr schätzen wir diese? Wir gestalten unser Leben oft so, als würde es kein Ende geben. Natürlich wollen wir nicht jeden Tag an den Tod denken und dennoch sollten wir uns Gedanken darüber machen, wie wir unser tägliches Leben gestalten. Die täglichen kleinen Momente bilden irgendwann die Summe unseres Lebens und sie bestimmen darüber, ob wir glücklich waren und ob wir uns mir uns selbst wohlgefühlt haben. Die Summe der kleinen Momente, in denen wir gut mit uns selbst umgehen, entscheidet darüber, ob wir uns von uns selbst geliebt fühlen.

Willst du mit diesem Wissen weiter in deinem gewohntem Lebenstrott bleiben? Wenn du der Meinung bist, dass alles in deinem Leben gut ist, so wie es ist, du mit dir im Reinen bist, keine unerfüllten Wünsche und Bedürfnisse oder ein nagendes Gefühl („war das alles?") hast, kannst du alles belassen, wie es ist. Es ist deine Entscheidung, was du dir vom Leben und deiner Selbstliebe wünschst. Doch falls dein Lebensweg dich vielleicht noch nicht wirklich vollständig erfüllt hat und du dich noch nicht vollkommen angenommen hast, du in deinem Leben noch auf der Suche nach dir selbst bist oder dir noch einige Bedürfnisse verwehrst, solltest du anfangen, etwas zu verändern, und eine neue Richtung einschlagen.

Selbstliebe ist zu wichtig für später

Die Maßbandübung macht uns deutlich, dass wir alle nicht ewig hier auf dieser Welt sein werden. Deshalb finde ich persönlich es sehr wichtig, diese Zeit, die wir hier verbringen dürfen, mit Liebe, schönen Momenten, Glück und Freude zu füllen und unsere Träume und Wünsche und vor allem unsere Liebe zu uns selbst nicht auf später zu verschieben.

Deshalb:

- Sei nicht so streng zu dir!
- Glaube an dich!
- Erfülle dir Wünsche!
- Sei stolz auf dich!
- Traue dich zu träumen!
- Lebe jetzt!
- Sei gut zu dir!
- Erlaube dir, glücklich zu sein!
- Tanze im Regen!!

- Sei geduldig mit dir!
- Lebe authentisch!
- Sei dankbar!
- Tue Dinge, die dir guttun!
- Zeige dir selbst Wertschätzung!
- Traue dich öfter einmal, Nein zu sagen!
- Verbringe deine Zeit mit positiven Menschen und Dingen!
- Gestalte dein Leben so, wie es für dich richtig ist!
- Umarme andere Menschen!
- Zeige deine Liebe!
- Stehe zu dir!
- Nimm dich wichtig!
- Sei dir gegenüber wohlwollend um mitfühlend!
- Liebe dich selbst!

„Nutze deine Zeit! Wenn du immer wartest, kann es sein, dass du die schönsten Selbstliebe-Momente in deinem Leben verpasst."

Schlusswort

Zum Ende dieses Buches möchte ich dir ans Herz legen, deine Zeit hier auf Erden für dich so positiv zu gestalten, wie es dir möglich ist. Denke dabei an das kleine Mädchen, an dieser Stelle meine ich nicht mehr das kleine Mädchen der Geschichte, sondern das kleine Mädchen, das sich in dir befindet. Das Mädchen, das noch Träume und Wünsche hat, die sich vielleicht noch nicht erfüllt haben. Nimm dieses dir innewohnende kleine, vielleicht verletzte, enttäuschte oder sich nicht gut genug fühlende Mädchen an die Hand und sorge dafür, dass es ihm gut geht. Nimm seine Bedürfnisse und Wünsche ernst und schenke ihm die Liebe, Wertschätzung und Aufmerksamkeit, die es benötigt, um sich glücklich und geliebt zu fühlen.

Fange an und gehe die ersten Schritte auf deinem Weg zu mehr Selbstliebe. Achte darauf, sorgsam, wohlwollend und wertschätzend mit dir selbst umzugehen. Hüte dich davor, in blinden Aktionismus zu verfallen und alles auf einmal machen zu wollen. Stattdessen freue dich und lobe dich selbst bei jedem Schritt, der dir gut gelingt. Achte bei der Umsetzung darauf, dir bewusst zu werden, was du tief in deinem Inneren wirklich willst. Finde heraus, was dir besonders wichtig ist und was du benötigst, um dich glücklich und geliebt zu fühlen.

Wenn es um Selbstliebe geht, solltest du Worte wie „irgendwann“, „später“ oder „eines Tages“ streichen. Du hast es verdient, jetzt gleich für dich da zu sein. Dafür muss keine bestimmte Zeit kommen und es ist auch nicht nötig, erst noch dies oder jenes zu erledigen, ebenso musst du nicht erst noch etwas werden. Du darfst dich lieben, einfach nur, weil es dich gibt.

Ich wünsche dir, dass du etwas aus dem Buch mitnehmen und umsetzen kannst, etwas, was dich Stück für Stück deiner Selbstliebe näherbringt. Ich wünsche dir, dass du es schaffst, diesen Weg mutig zu gehen und dass dein Wunsch auf Erfüllung deiner Selbstliebe stärker ist als deine Ausreden beziehungsweise die Ausreden deiner inneren Kritikerin. Ich wünsche dir, dass du es schaffst, Gewohnheiten und Glaubenssätze, die dir nicht guttun, zu ändern und mit positiven und förderlichen zu ersetzen. Ich wünsche dir, dass du im Stande bist, Altes und Belastendes loszulassen und du dadurch Frieden in dir selbst schaffen kannst. Ich wünsche dir viele positive, fröhliche und erfüllende Erlebnisse. Ich wünsche dir ein Umfeld, das dich wertschätzt, positiv bestärkt, dir guttut und an dich glaubt. Ich wünsche dir, dass du selbst an dich glaubst und anfängst, dich auf den Weg zu machen, einen Weg, der dir das Leben schenkt, das du dir tief in deinem Inneren wünschst.

Ich wünsche dir ein glückliches und erfülltes Leben voller Selbstliebe!

Und denke immer daran: Du bist perfekt, so wie du bist.

Herzlichst

Deine Petra Baur

Dankesworte

Ich möchte mich hier bei allen Menschen bedanken, die mich auf meinem Lebensweg begleitet und mich inspiriert haben. Sie alle haben mich dabei unterstützt, zu dem Menschen zu werden, der ich jetzt bin.

Herzlich bedanken möchte ich mich auch bei Markus Fritz, meinem Büchercoach. Er stand mir stets mit Rat und Tat zur Seite und hat mich immer wieder motiviert. Des Weiteren möchte mich bei meiner Freundin Christine Flack für das Schreiben des Vorwortes bedanken. Ihre Worte haben mich sehr berührt.

Vor allem möchte ich dir, liebe Leserin, von Herzen für das Interesse an dem Thema und für den Kauf des Buches danken.

„Egal, was in deinem Leben geschieht, und welche Rückschläge du erleidest: Es liegt an dir, was du daraus machst. Glaube an dich und gib niemals auf!"

Die Autorin

Petra Baur ist 1968 in Rosenheim geboren. Die Autorin ist ausgebildete Erzieherin, Traumapädagogin, Elternbegleiterin und Coach, des Weiteren arbeitet sie als bildende Künstlerin. Durch die Herausforderung eigene Krisen und Turbulenzen in ihrem Leben zu bewältigen, beschäftigt sie sich seit ca. 20 Jahren intensiv mit Psychologie und Persönlichkeitsentwicklung. Sie belegte unter anderem auch Fortbildungen in der systemischen Beratung, sowie mit verschiedenen Methoden der Achtsamkeit.

Durch ihre langjährige Tätigkeit in der Elternbegleitung und Beratung, wuchs in ihr der Wunsch ihre Erfahrungen und ihr Wissen in einem Buch weiterzugeben. Ihr ist es besonders wichtig, Frauen dabei zu unterstützen, positive Lösungswege zu finden, mutig auf Veränderungen zuzugehen, ihr Leben eigenverantwortlich und liebevoll zu gestalten und sich ein Leben aufzubauen, das sie glücklich macht.

Quellenangaben

- Ulrich Emil Duprée: Das Wunder der Vergebung. Ho`oponopono, das hawaiianische Vergebungsritual für inneren Frieden. Kailash Verlag 2013.
- Andrea Bruchacova und Ulrich Emil Duprée: Selbstvergebung. Ein Weg zu innerem Frieden. Schirner Verlag 2016.
- Dr. Patrizia Collard: Das kleine Buch vom achtsamen Leben. 10 Minuten am Tag für weniger Stress und mehr Gelassenheit. Heyne Verlag 2016.
- Robert Betz: Willst du normal sein oder glücklich? Heyne Verlag 2011.
- Julia Cameron: Der Weg des Künstlers. Ein spiritueller Pfad zur Aktivierung unserer Kreativität. Knauer Verlag 2009.
- Jeffrey Kastenmüller: Ich bin ein Fehler und ich liebe es. Integral Verlag 2021
- https://www.dak.de/dak/meine-gesundheit/tipps-fuer-mehr-selbstliebe-2481650.html#
- https://de.wikipedia.org/wiki/Selbstliebe
- happi.soul. Das Psychologie-Magazin von Happinez, Nr. 1/2021, Artikel Lebensfreude: Tue, was gut für dich ist.
- Kim Davis: Achtsamkeit. Ruhiger, bewusster und glücklicher durch den Alltag, Tosa Verlag 2019.

Impressum

Autorin: Petra Baur 2022

1. Auflage

Petra Baur Kranzhornstr.14

83059 Kolbermoor

Haftungsausschuss

Der Inhalt dieses Buches wurde mit größter Sorgfalt und nach bestem Wissen und Gewissen gestaltet. Im Hinblick auf Richtigkeit, Aktualität und Vollständigkeit der zur Verfügung gestellten Information kann die Autorin keine Haftung übernehmen. Die Geltendmachung von Ansprüchen jeglicher Art ist ausgeschlossen.

Urheberrecht

Lektorat: Silvia Stecher

Buchsatz: 4H DIGITAL

Vektorgrafiken: Julia Escherich

Covergestaltung: Petra Baur

Design: www.canva.de

Printed in Poland
by Amazon Fulfillment
Poland Sp. z o.o., Wrocław

13904198R00118